CHEERS

Maureen Petrosky

ILLUSTRATORIN:
Liv Lee

CHEERS

Genussvoll durch das Jahr:
Die besten Weine für jeden Monat

riva

Für Michael, Christopher und Elliot:
Auf unser wunderschönes Leben.

Und für Mom und Dad:
Danke, dass ihr uns Vorbilder seid. Cheers!

Bibliografische Information der Deutschen Nationalbibliothek
Die Deutsche Nationalbibliothek verzeichnet diese Publikation in der Deutschen Nationalbibliografie. Detaillierte bibliografische Daten sind im Internet über https://dnb.de abrufbar.

Für Fragen und Anregungen
info@m-vg.de

Wichtiger Hinweis
Ausschließlich zum Zweck der besseren Lesbarkeit wurde auf eine genderspezifische Schreibweise sowie eine Mehrfachbezeichnung verzichtet. Alle personenbezogenen Bezeichnungen sind somit geschlechtsneutral zu verstehen.

1. Auflage 2024

Türkenstraße 89
80799 München
Tel.: 089 651285-0

Die englische Originalausgabe erschien 2023 bei Chronicle Books LLC unter dem Titel *Wine Club*.
First published in English by Chronicle Books LLC, San Francisco, California.

Übersetzung: Martina Fischer
Redaktion: Silke Panten
Umschlaggestaltung: Isabella Dorsch
Illustrationen: Liv Lee
Satz: inpunkt[w]o, Wilnsdorf
Druck: Florjancic Tisk d.o.o., Slowenien
Printed in the EU

ISBN Print 978-3-7423-2133-6
ISBN E-Book (PDF) 978-3-7453-2475-4
ISBN E-Book (EPUB, Mobi) 978-3-7453-2476-1

Inhalt

Herzlich willkommen bei der Weinparty!

VOR LANGER, LANGER ZEIT habe ich meinen Abschluss an der renommierten US-amerikanischen Ausbildungsstätte für die Gastronomie, dem Culinary Institute of America, und mein Sommelier-Zertifikat bei der Organisation Court of Master Sommeliers erworben. Ich habe mir also anerkannte Kompetenz als Sommelière angeeignet, doch wenn ich ehrlich sein soll, habe ich in meinem Wohnzimmer sehr viel mehr über Wein gelernt als in allen Vorlesungssälen. Die Gruppe meiner ersten Weinparty ging aus einem Lesekreis hervor. Meine Freunde und ich trafen uns beim Wein und es war erstaunlich, wie viel wir dabei auch über Wein lernten. Diese Ur-Verkostungsrunde inspirierte mich zu einem Buch, mit dem ich Neulinge und Neugierige ermutigen will, selbst eine eigene Gruppe zum Weinverkosten zu gründen. Denn Hand aufs Herz: Lesekreise, Investmentclubs, Handarbeitszirkel und Et-cetera-Grüppchen sind doch bekanntermaßen der perfekte Vorwand, um sich mit Freunden zu treffen, zusammen etwas zu trinken und nebenbei etwas zu lernen. Macht es in diesem Jahr wie ich und bezeichnet es als das, was es ist: eine Weinparty!

Auf mein Buch hin schossen überall in den USA Tausende von Verkostungsgruppen wie Pilze aus dem Boden. Ich habe seit der ersten Veröffentlichung in mehreren US-Staaten gelebt, ein Dutzend verschiedene Jobs gehabt und die ganze Zeit über Freunden geholfen, ihre eigenen regelmäßigen Weinpartys in Gang zu bringen. Ich habe viel darüber gelernt, was funktioniert und was nicht, und jetzt bekommt ihr Infos mit Gelinggarantie, wie ihr eure eigene fabelhafte Weinparty erschafft. Ein Treffen zur Weinprobe besitzt große Kraft und in diesem Jahr werdet ihr erleben, dass diese Runde auch ein Ort sein kann, an dem wichtige Freundschaften oder Netzwerke gepflegt werden, wenn ihr es möchtet – und das, während ihr die wohlschmeckendste Therapie überhaupt genießt!

Dieses Buch macht aus euch keine Sommeliers von Weltklasse und keine profunden Weinexpertinnen. Es baut aber alle Angstfaktoren rund um den Wein ab, sodass ihr euren Horizont erweitern und entdecken könnt, was ihr gern trinkt. Dabei verspeist ihr Köstlichkeiten und amüsiert euch ebenso köstlich.

Elemente einer gelungenen Weinparty

Ihr besitzt ein paar Weingläser, einen Korkenzieher, Alufolie sowie ein paar Freunde und voilà: Fertig ist die Weinparty! Weinkenntnisse im Vorfeld oder eine Schulung sind nicht notwendig, Neulinge und Experten können gleichermaßen folgen, denn ich geleite euch in jedem Monat durch neue Rebsorten oder Weinstile. Das Buch folgt dem Kalenderjahr. Die ausgewählten Weine und die begleitenden Speisen passen zu den Jahreszeiten der nördlichen Hemisphäre. Betrachtet sie jedoch primär als Vorschläge; wenn ihr lieber mit dem Kapitel über Chardonnay beginnen möchtet anstatt mit dem Cabernet Sauvignon, dann macht das einfach – es ist *eure* Weinparty.

Weil ich nicht möchte, dass ihr auf nüchternen Magen verkostet, enthält jedes Kapitel ein paar einfache, aber feine, schnelle oder im Voraus zuzubereitende Rezepte für Snacks und Appetizers. Sie machen euer Verkostungserlebnis noch intensiver. Achtet wie bei einem Lesekreis darauf, dass jeder von euch einmal Gastgeber ist! Weinpartys funktionieren am besten, wenn man die Verantwortung für Wein und Häppchen allmonatlich aufteilt.

Und jetzt macht euch bereit für das Gelage – es ist Zeit, eure Weinparty zu starten!

Die Gästeliste

Meine Regel Nummer eins für eine Weinparty lautet: Nur mit Menschen trinken, die man mag. Sobald ihr eine Weinparty erwähnt, werden urplötzlich Leute auftauchen, die mitmachen möchten. Ich rate euch daher, euch bedeckt zu halten, bis ihr so weit seid. Ihr solltet die Gästeliste auf höchstens zehn bis zwölf Gäste beschränken (mir ist es sogar lieber, wenn es noch weniger sind, falls möglich). Ein Treffen in großer Runde ist toll, bedenkt aber: Je mehr Mitglieder es sind, desto schwieriger wird es, sich auf den Wein zu konzentrieren. Ich bin bestimmt kein Mensch, der eine schöne Soiree ausbremst. Soll der Fokus der Probierrunde aber darauf liegen, dass ihr etwas über Wein lernt, dann hebt euch die lange Gästeliste für ein Treffen in einer Bar oder für eine Cocktailparty auf.

Berücksichtigt bei der Auswahl der Teilnehmer den Punkt räumliche Nähe. Wenn ihr in einer Gegend wohnt, in der alle Gäste öffentliche Verkehrsmittel nutzen können, ist dieser Faktor nicht so wichtig. Bei Partys jedoch, die sich beispielsweise im eher ländlichen Raum treffen, ist darauf zu achten, dass alle im Einzugsbereich eines Taxiunternehmens sind oder sich einfach mit dem Fahren abwechseln.

Der Wein

Wein kann im ersten Moment einschüchternd wirken, aber mit winzigen Schritten (oder winzigen *Schlückchen*, wie ich gern sage) seid ihr im Nu im Thema zu Hause. Jedes Kapitel ist einem anderen Wein-Stil (zum Beispiel Schaumwein) oder einem anderen Rebsortenwein gewidmet (Wein aus einer bestimmten Rebsorte, wie Pinot Noir beziehungsweise Spätburgunder oder Cabernet Sauvignon). Wir beginnen mit einigen Weinen, die ihr vermutlich schon kennt, und gehen dann weiter bis zu Weinen, von denen ihr hoffentlich noch nie gehört habt. Es gibt buchstäblich Tausende von Weinen, und damit wirklich jeden Monat etwas gelernt wird, habe ich mich entschieden, das Buch auf die beliebtesten oder am besten erhältlichen Weine zu beschränken. Jeden Monat verkostet ihr nur fünf oder sechs Weine aus der Kategorie des Monats.

Der Gastgeber sollte den Gästen die jeweils ausgewählten Weine zuweisen, damit sie diese besorgen und zur Party des betreffenden Monats mitbringen. Es wird immer einige Weine geben, die teurer sind als andere. Wer zum Beispiel einen traditionellen französischen Champagner mitbringt, greift sicherlich tiefer in die Tasche als die Person, die für den spanischen Cava zuständig ist. Klärt in der Gruppe (vielleicht über ein Rotationssystem), wer jeweils den teuersten Wein des Monats kauft. Oder lasst zwei Teilnehmer den teuersten Posten des Monats zusammen bezahlen. Achtet auf Fairness – die Weinparty soll nicht mit irgendwelchen schlechten Gefühlen starten!

Der Gastgeber sollte eine Liste mit den Namen und Nummern der Flaschen vorbereiten, um den Überblick zu behalten. Sie soll aber erst offengelegt werden, wenn die Verkostung abgeschlossen ist. Fordert die Gäste auf, die ihnen zugewiesenen Flaschen in Folie eingewickelt oder in einer braunen Papiertüte mitzubringen, gekennzeichnet mit der Zahl, die der Gastgeber vergeben hat. Bei Alufolie muss auch der Flaschenboden eingewickelt sein, damit die Flasche beim Eingießen nicht herausrutscht. Achtet außerdem darauf, dass die Metallkapsel, die Korken oder Schraubverschluss bedeckt, vollständig entfernt ist, damit es keinerlei Hinweis darauf gibt, was sich darunter verbirgt. Auch die Preise werden erst verraten, wenn die Flaschen am Ende der Verkostung enthüllt werden.

Wenn man den Namen oder den Preis nicht sieht, ist es wahrscheinlicher, dass man sich rein auf den eigenen Gaumen verlässt und nicht beeinflusst wird. Sogar Meister-Sommeliers sind schon ausgetrickst worden! Werden die Flaschen verhüllt, lernt ihr, euch selbst zu vertrauen und selbstbewusst zu verkosten. Das wird euch letztlich helfen, Wein zu kaufen, den ihr mögt.

Die Gläser

Ich rate zu Allzweckgläsern (und falls ihr nicht genügend Gläser besitzt, scheut euch nicht, eure Freunde zu bitten, welche mitzubringen). Ihr könnt euren Wein in jedem Glas servieren, das ihr zur Verfügung habt, aber verzichtet möglichst auf Keramik-, Plastik- oder Pappbecher.

In sehr wenigen Monaten braucht man spezielle Gläser, lediglich zwei Ausnahmen solltet ihr euch merken:

ACRYLGLAS Für Weinpartys im Freien habt ihr die Möglichkeit, Acrylgläser zu benutzen. (Damit sind nicht die Plastikbecher gemeint, aus denen man normalerweise Mineralwasser trinkt – die können nämlich porös und mit einem unangenehmen Geschmack nach Spülmittel behaftet sein). Acrylgläser sehen glänzend aus und sind sicherer als Glas, wenn man im Garten etwas trinkt. Der größte Unterschied zwischen Gläsern und alternativen Acryl-Weingläsern ist das Gewicht; ich finde zudem, dass mein Wein darin nicht so lange kühl bleibt wie in einem Weinglas.

CHAMPAGNER- ODER SEKTGLÄSER Es gibt viele Sektgläser – Kelch, breite und schmale Flöte und Tulpe – und ich überlasse es euch, euren Lieblingsstil zu wählen (siehe Seite 267)!

Nicht alles kann in den Geschirrspüler wandern, vor allem keine Sektgläser. Ihr glaubt mir nicht? Macht mal folgenden kleinen Test: Wascht eine Sektflöte im Geschirrspüler und eine mit der Hand. Dann gießt einen eurer Lieblingsschaumweine in das Glas, das mit der Hand gespült wurde. Ah, das ist schön! Gut, jetzt gießt etwas in das Glas aus dem Geschirrspüler. Oh, das ist … komisch. Was ist mit den Blubberbläschen passiert? Es stimmt wirklich – wenn man einmal geschmeckt hat, was Spülmittelreste mit den Bläschen und dem Körper von Schaumweinen anstellen, stellt man die Gläser nie wieder in die Geschirrspülmaschine.

Und noch ein Tipp: Trocknet Gläser mit Papiertüchern ab, nicht mit Geschirrtüchern. Geschirrtücher können bewirken, dass vor allem Schaumweine etwas von ihrem Strahlen verlieren. Schuld daran sind Weichspüler und winzige Fusselpartikel.

Vom Ausrichten der Treffen

Ich empfehle, dass sich die Mitglieder wie bei einem Lesekreis mit dem Ausrichten der Treffen abwechseln. Folgendes ist zu tun, wenn man an der Reihe ist:

VORAUSPLANEN. Mein Rat: Das Kapitel des Monats zwei Wochen vor dem Treffen lesen. So ist genügend Zeit, Weine und Häppchen auf die Gäste zu verteilen und sich in kleinen Schritten auf eure Zusammenkunft vorzubereiten.

WEIN UND HÄPPCHEN ZUWEISEN. Behaltet im Blick, dass die Weine in manchen Monaten eine große preisliche Spanne haben können. Sollte ein Wein erheblich teurer sein, lasst zwei Gäste gemeinsam diesen Wein kaufen. Die Mitglieder sollten mit durchschnittlich 20 bis 30 Euro pro Monat für Wein und Speisen rechnen. Wer in der Nähe Geschäfte hat, die Wein liefern, hätte auch die Option, Wein zu bestellen, zum Gastgeber liefern und die Gäste per Bezahl-App ihren Anteil begleichen zu lassen.

DAS ESSEN VORBEREITEN. Alle Rezepte aus diesem Buch beinhalten Schritte, die man vorab erledigen kann, daher könnt ihr die Vorräte eine Woche im Voraus einkaufen. Je mehr ihr vorher erledigt, desto mehr Zeit könnt ihr mit euren Gästen genießen.

DURCH DIE VERKOSTUNG FÜHREN. Wie bereits gesagt, sollten alle Weine blind verkostet werden. Die Flaschen können enthüllt werden, sobald alle Gäste die Möglichkeit hatten, alle Weine zu kosten. Für eine genauere Anleitung siehe das Kapitel »Bewertung der Weine« auf Seite 13.

Einige Grundregeln

- Vergewissert euch vor Beginn des Abends, dass geklärt ist, wer fährt oder wie die Beförderung nach Hause sicher vonstattengeht. Diese Frage auf den späten Abend zu verschieben, kann zu Problemen führen.
- Haltet euch an die 1:1-Regel: Auf jedes Glas Wein kommt ein Glas Wasser.
- Trinkt nicht auf leeren Magen. Esst immer eine Kleinigkeit, bevor ihr anfangt zu probieren.
- Verpflichtet euch, alle Weine zu verkosten, die bewertet werden.
- Wartet unbedingt ab, bis ihr alle Weine verkostet und besprochen habt, und genehmigt euch erst danach eine Erwachsenenportion eures Favoriten aus der Reihe.
- Verzichtet auf Parfüm aller Art. Es würde euer Erleben von Geschmack und Aromen der Weine beeinträchtigen.

TIPPS FÜR BEKÖMMLICHE VERKOSTUNGEN

Hier ein paar Tipps für reibungslose Verkostungen:

- Nicht vergessen: In der ersten Runde wird nur probiert, das heißt genippt und gerochen. Es reicht also, 30 bis 60 Milliliter einzuschenken. Gießt man mehr ein, werden die Gäste diesen Wein beim Schwenken sonst womöglich direkt aus dem Glas hinausbefördern.
- Nehmt – wenn überhaupt – eine dunkle Tischdecke bei einer Rotweinverkostung, damit nicht die schöne Weißwäsche bekleckert wird. Teilt bei einem dunklen Tischtuch weiße Bögen Papier aus, dann können die Gäste ihre Gläser vor einen weißen Hintergrund halten und die echte Farbe des Weins erkennen.
- Dreht die Flasche beim Eingießen am Schluss ganz leicht, dann tropft sie nicht so sehr. Haltet eine Serviette in einer Hand, um Tropfen aufzufangen. Mit der eigenen Treffsicherheit punkten zu wollen und den Wein aus großer Höhe einzugießen, kann nach hinten losgehen: Es spritzt mit Sicherheit – eher uncool, wenn Wein auf jemandes Kleidung landet.
- Spuckgefäße sind genauso eklig, wie der Name klingt. Den Wein auszuspucken, nachdem man ihn am Gaumen bewegt hat, ist allerdings ratsam, wenn man zu Lernzwecken verkostet, denn so wird man nicht vom eingenommenen Alkohol beeinflusst. Ich empfehle, allen ein eigenes dunkles Glas oder Plastikgefäß auszuteilen, dann behalten alle den ausgespuckten Wein quasi bei sich.
- Außerdem solltet ihr zwischen den einzelnen Weinen den Gaumen mit Wasser reinigen und die Gläser ausspülen.

Bewertung der Weine

Wenn ihr mit den Vorbereitungen fertig seid und die Verkostung beginnen kann, teilt ihr Stifte und Papier für eure Verkostungsnotizen aus.

Was seht ihr?

Erste Eindrücke können viel über den Wein verraten, den ihr probieren werdet. Achtet auf das Aussehen – damit ist nicht nur die Farbe gemeint, sondern auch die Farbtiefe. Ob der Wein weiß, rot oder roséfarben ist, sieht man sofort. Am besten betrachtet ihr den Wein vor weißem Papier oder einem weißen Tischtuch unter ausreichender Beleuchtung (eine Weinparty ist nicht der richtige Zeitpunkt für stimmungsvoll gedimmtes Licht). Ihr findet in jedem Kapitel Hinweise, worauf ihr bei Farbe, Viskosität und natürlich Bläschen achten solltet.

Seid Schnüffler

Die Kunst des Schwenkens und Riechens ist einfach. Es gibt ein paar Techniken, die einem dabei helfen, am Alkohol vorbei zu riechen und zu den leckeren Sachen vorzudringen. Steht auf einem Etikett beispielsweise, der Wein dufte nach Blaubeeren, stelle ein geöffnetes Glas Blaubeermarmelade auf den Tisch, damit alle daran riechen können. Schnuppere dann am Wein, damit du merkst, ob du dieselben Nuancen ausmachen kannst.

Manchmal können Leute überhaupt nichts riechen, vor allem, nachdem sie viel am Wein gerochen haben. Das nennt sich Geruchsmüdigkeit. Am einfachsten behebt man dies, indem man an etwas anderem schnuppert, zum Beispiel an der eigenen Hand oder am Haar. Klingt schräg, doch du wirst merken, dass es funktioniert. Beim Riechen gibt es kein Richtig oder Falsch. Auch wenn ich unterschiedliche Duftnoten für die einzelnen Weine vorgebe, wenn ihr der Meinung seid, ein Wein rieche nach etwas, das ich nicht aufgeführt habe, dann bleibt dabei. Eine Geruchswahrnehmung kann für jeden Menschen subjektiv sein. Ich möchte euch aber ausdrücklich auffordern, eure Gedanken auszusprechen, selbst wenn ihr sie für sonderbar haltet. Vielleicht seid ihr überrascht, wenn andere zustimmen.

Was schmeckt ihr?

Am einfachsten erschmeckt man, was im Glas ist, wenn man es mit Aromen in Verbindung bringt, die man schon kennt. Wir werden Aromen von Zitronen über Schokolade und Tabak bis zu Vanille entdecken. In jedem Kapitel werde ich euch die Aromen nennen, die für den Wein des betreffenden Monats typischerweise am häufigsten sind.

Was ist Körper?

Die meisten Menschen kennen verschiedene Milchsorten, deswegen ziehe ich einen Vergleich mit Milch, um den Unterschied zwischen leichten, mittleren und voluminösen Weinen zu erklären. Fettreduzierte Milch ist leicht, vollfette Milch ist mittel und Sahne ist voluminös. Ist der Wein beispielsweise mehr wie fettreduzierte Milch – wässrig, dünn, ohne im Mund eine Art Belag zu hinterlassen –, so ist er leicht.

Gekonntes Finale

Jeder Wein hat ein Finale. Nehmt etwas Wein in den Mund, schluckt ihn und beginnt, still für euch zu zählen. Bleibt direkt nach dem Hinunterschlucken kein Geschmack oder Mundgefühl vom Wein zurück, ist es ein kurzes Finale. Kommt ihr beim Zählen bis 5 und die Wirkung hält noch immer an, so ist dies ein mittleres Finale. Setzt ihr euer Gespräch fort und spürt noch immer, wie sich der Mund zusammenzieht, oder schmeckt den verkosteten Wein noch Minuten später, ist es ein langes Finale. Den Unterschied zwischen langem und kurzem Finale bespreche ich in jedem Monat.

Kombination von Wein und Speisen

Die einzige Methode, herauszubekommen, welche Weine gut zu welchen Speisen passen, heißt Versuch und Irrtum. Nehmt einen Schluck Wein, dann einen Bissen des Essens. Nehmt einen Bissen, dann einen Schluck. Nehmt einen Schluck und einen Bissen gleichzeitig. Achtet auf die Veränderungen im Mund. Ich werde Vorschläge machen, doch nur ihr wisst, was ihr mögt und was nicht. Hier kommen drei Möglichkeiten, Speisen und Wein wie ein Fachmann zu kombinieren:

- **VERBINDEND** Verwendet den Wein, den ihr trinkt, als Zutat in dem Gericht, das ihr esst.
- **KORRESPONDIEREND** Serviert einen voluminösen Wein zu einem üppigen Gericht, zum Beispiel einen Cabernet Sauvignon zu einem saftigen Steak.
- **KONTRASTIEREND** Serviert einen Wein, der zu den Elementen des Essens einen Kontrast bildet. Enthält das Gericht beispielsweise eine gehaltvolle Sahnesoße, dann serviert einen leichten Schaumwein dazu, der das Fett durchbricht.

Die Verkostung

Alle Gäste sollten ein kleines gebundenes Notizbuch oder ein Weinjournal mitbringen (in Ermangelung dessen tut es auch die Notiz-App auf dem Telefon). Damit habt ihr euch gut organisiert und wenn ihr all eure Notizen an einem Ort beisammen habt, könnt ihr sie beim nächsten Abstecher in den Weinladen ganz einfach zurate ziehen. Ehe ihr es euch verseht, werden eure Wein-Notizbücher mehr wie Tagebücher voller lustiger Geschichten und Weinnotizen sein und euch ans Herz wachsen.

Wie die Profis werden wir für jeden Wein folgende Kategorien auswerten:

Datum der Verkostung:	Name des Weins:
Rebsorte:	
Jahrgang:	
Farbe:	
Aroma:	
Geschmack:	
Körper:	
Finale:	
Begleitendes Essen:	
Preis:	

JANUAR

Cabernet Sauvignon

Kapitel 1

JANUAR

1

Willkommen bei der Weinparty! Wir starten mit einem großen Rotwein in dieses Jahr: Wir schwenken und verkosten Cabernet Sauvignon.

Dieser üppige, opulente Wein – oft einfach nur kurz Cabernet genannt – ist der am meisten verbreitete und der beliebteste Wein der Welt. Wenn ihr je einen roten Hauswein bestellt habt, kann es gut sein, dass ihr den ein oder anderen Cabernet gekostet habt. In diesem Monat werdet ihr euch durch Cabernets aus Argentinien, Frankreich und Kalifornien probieren, bis ihr den gefunden habt, der für euch perfekt ist.

Über Cabernet

Wir beginnen mit ein paar Grundkenntnissen. Wer denkt sich diese ganzen Namen für Weine aus? Europäische Weine sind sehr oft nach der Region oder den Städten benannt, in denen sie erzeugt werden. Champagner ist zum Beispiel nach der Region Champagne in Nordfrankreich benannt. Außerhalb von Europa halten die meisten Weinbauregionen es eher einfach und geben dem Wein den Namen der Traube, aus der er bereitet wird. Sie werden »Rebsortenweine« genannt (das lässt sich leicht merken – denkt einfach an Rebsorte). Cabernet Sauvignon ist nach der Traube (oder Sorte) Cabernet Sauvignon benannt, Merlot heißt nach der Traube Merlot, Chardonnay ist – ihr erratet es – der Name einer Traube.

Cabernet-Sauvignon-Trauben können nahezu überall gedeihen. Deswegen ist diese Weinsorte so beliebt und so gut erhältlich. Ursprünglich stammt sie aus der französischen Region Bordeaux (viele berühmte Weine dieser Region basieren auf Cabernet-Sauvignon-Trauben), doch haben sich viele andere Regionen weltweit als Anbaugebiete schwerpunktmäßig für Cabernet etabliert. Das kalifornische Napa Valley nannte man King of Cab und bestimmte Weine erwerben höchste Auszeichnungen, sogar von Franzosen. Argentinien, Chile und Australien sind besonders bekannt für große Cabernets und Südafrika ist ihnen dicht auf den Fersen. Diese Traube hat sich sogar in Ostrichtung bis nach China hinein ausgebreitet und wird seit den 1980er-Jahren auch in Deutschland angebaut.

Legendäre Bordeaux-Weine

Es gibt Tausende französische Weine, so viele, dass man sich ein Leben lang mit ihnen beschäftigen könnte. Da wir nur einen Monat Zeit haben, konzentrieren wir uns auf das linke Ufer der Region Bordeaux, wo Cabernet Sauvignon in den Cuvées dominiert. Hier muss man den Winzer – oder in diesem Fall das Château (den Namen des Weingutes) – aus der Region kennen, um sicher zu sein, dass man Cabernet Sauvignon bekommt. Stellt euch auch darauf ein, dass ihr für diese Flaschen mehr bezahlen müsst, doch es lohnt sich, die Bedeutung des Stils der Alten Welt, also des europäischen Stils, kennenzulernen (siehe Seite 267).

Die berühmtesten und normalerweise teuersten Weine stammen von diesen fünf Châteaux in Bordeaux: Château Latour, Château Mouton Rothschild, Château Lafite Rothschild, Château Haut-Brion und Château Margaux. Über diese hinaus gibt es sehr viele Weingüter in dieser Region; solange ihr noch herausfindet, ob dieser Stil etwas für euch ist, schlage ich daher vor, mit einem Wein zu beginnen, der preislich moderater ist. Niedrigpreisigere Weine aus dieser Region vermitteln euch immer noch eine gute Vorstellung des Bordeaux-Stils. Hütet euch lediglich vor billigem Bordeaux ohne Ortsnamen – Wein, auf dessen Etikett nur das Wort Bordeaux steht –, denn er stammt nicht von einem einzigen Weingut und ist nicht mit denselben Standards bereitet worden wie die Château-Weine. Im Zweifelsfall fragt ihr den Weinhändler, bevor ihr kauft.

Terroir kommt nicht von Terror …

Das Wort Terroir (terroAHR) ist nicht ganz einfach auszusprechen, aber es ist wichtig, sich mit dem Konzept zu beschäftigen, wenn wir Fortschritte machen und mehr über Wein lernen. Da es keine wörtliche Übersetzung gibt, verwenden wir dieses schicke französische Wort, um alles einschließlich Boden, Klima, Wind und so weiter zu beschreiben, also all das, was Einfluss auf einen Wein hat. Weine von Reben aus einem bestimmten Anbaugebiet werden – Jahr für Jahr – charakteristische Elemente ihres Terroirs im Glas zeigen. So wird ein Merlot aus Pomerol immer erkennbar sein und sich von einem Merlot aus der Region Languedoc unterscheiden – wegen seines Terroirs.

Ich weiß, es ist ein wenig abstrakt und schwer zu fassen. Versucht jedoch, im Verlauf des Probierens und Riechens auf alles zu achten, was ihr wahrnehmt. Ist der Wein erdig oder fruchtbetont? Bei einem erdigen Aroma schwenkt ihr höchstwahrscheinlich einen europäischen Wein im Glas und wenn er fruchtig ist, trinkt ihr etwas Außereuropäisches.

Der Jahrgang ist wichtig, oder?

Als Jahrgang bezeichnet man das Jahr, in dem die Trauben geerntet, also gelesen wurden. Schaumwein und Portwein sind keine Jahrgangsweine, das bedeutet, sie sind aus einer Mischung von Weinen aus in unterschiedlichen Jahren geernteten Trauben bereitet worden. Deswegen sieht man kein Datum auf diesen Flaschen. Stillweine (ohne Bläschen) haben andererseits fast immer das Jahr auf dem Etikett, in dem die Trauben geerntet wurden. Welche Rolle spielt das Jahr für das, was in der Flasche und somit im Glas ist?

Mitunter eine große. Ist es in der Wachstumsperiode zu heiß, schrumpeln die Trauben zusammen wie Rosinen. Dann geben sie wenig Saft und Geschmack und die Aromen erinnern mehr an überreife Früchte. Andererseits kann zu viel Regen das Volumen aufblähen und Aromen und Körper verwässern. Geht ein Wolkenbruch auf die Trauben nieder, können sie aufplatzen und verfaulen. Das Wetter muss im Grunde in allem das richtige Maß haben: Es darf nicht zu heiß, zu nass oder zu trocken sein. Für einen großen Jahrgang muss es genau richtig sein.

Der Jahrgang ist auch wichtig, weil sich Weine mit dem Reifen verändern, also damit, wie lange sie nach der Ernte lagern. In einem jungen roten Cabernet Sauvignon (der geradewegs geerntet, abgefüllt und verkauft wurde), kann Alkohol das Erste sein, was man riecht und schmeckt. Nach einer Weile in einem Fass oder in der Flasche wird die aggressive Schärfe, die man vom Alkohol im Mund erlebt, milder. So können sich alle Aromen miteinander verbinden und einen ausgewogeneren Wein kreieren.

Auch die geradezu provokanten Tannine junger Rotweine, die einem den Mund zusammenziehen, werden über die Jahre weicher; so wird das Mundgefühl runder und der Wein ausgewogener. Da Cabernet Sauvignon tanninreich ist, wird oft empfohlen, diese Weine vor dem Genuss eine Weile in der geöffneten Flasche relaxen zu lassen. Hat man nicht so viel Zeit, kann man einen Wein karaffieren (siehe Seite 24).

Beim Kauf eines Cabernets für eure Verkostung könntet ihr im Weingeschäft um einen Wein bitten, der sofort genussbereit ist. Üblicherweise wird er ein paar Jahre älter sein als das Jahr, in dem man ihn erwirbt.

Vertikale

Selbst Weinprofis sind untereinander hinsichtlich der Bedeutung des Jahrgangs nicht unbedingt einer Meinung. Manche halten die Schwankungen von Jahr zu Jahr für weniger wichtig als die von Erzeuger zu Erzeuger oder als das Alter einer Flasche und erst recht als den Preis. Zum Beispiel ist ein Napa-Cabernet von 2019 für 80 Euro meilenweit von einem kalifornischen Cabernet aus dem Jahr 2020 für 20 Euro entfernt. Nur wenige Menschen weltweit können wahrhaftig zwischen einem 2000er- und einem 2001er-Cabernet 15 Euro unterscheiden. Noch einmal, das Ganze steht und fällt nicht mit dem Jahr. Wenn euch ein 2017er-Chianti nicht schmeckt, wird ein 2020er-Chianti wahrscheinlich auch nichts für euch sein.

Eine originelle Art, dies einmal selbst auszuprobieren, ist eine Vertikalverkostung. Kauft drei Cabernets aus unterschiedlichen Jahrgängen, aber von demselben Erzeuger und verkostet sie parallel. Mal sehen, ob ihr erhebliche Unterschiede benennen könnt und ob der Preis in den einzelnen Jahren irgendwelche Mängel zum Ausdruck bringt, zum Beispiel ein Jahr mit ungünstigem Wetter.

ÜBER TANNIN

Da wir gerade über Cabernet sprechen, ist der Zeitpunkt perfekt, euch über Tannine aufzuklären, denn Cabernet Sauvignon hat davon reichlich. Nimmt man einen Schluck Rotwein und bekommt am Gaumen und seitlich im Mund ein trockenes Gefühl, so sind dies die Tannine bei der Arbeit (oder sagen wir lieber beim Spiel?). Die Empfindung ist ähnlich wie bei einem sehr starken Tee.

Tannine kommen aus Kernen, Stielen und Schalen der Trauben sowie von den Eichenfässern, in denen man den Wein reifen lässt. In jungen Weinen können die Tannine sehr stark und zusammenziehend sein, mit der Reife hingegen werden sie weicher und runder. Tannine geben Rotweinen Struktur und bewirken beim Trinken außerdem zusätzliche Sinneswahrnehmungen. Sie machen einen großen Teil der Persönlichkeit großer Rotweine aus und dank ihnen sind Rotweine so hervorragende Begleiter von mächtigeren Speisen wie Steak, sahnigen Käsesorten und sogar üppigen Desserts.

Sind euch beim Eingießen des letzten Schlucks je dunkelviolette oder braune Klümpchen ins Glas geplumpst? Auch ihre Entstehung hängt mit Tanninen zusammen. Wenn der Wein reift, verklumpen die Tannine und bilden zusammen mit den Pigmenten (diesen herrlichen Rottönen) und den Tartraten (winzig kleine Kristalle, die man zuweilen an der Korkenunterseite oder im Wein sieht und die man Weinstein nennt) im Wein ein Sediment, das sogenannte Depot. Es setzt sich am Boden oder an der Seite der Flasche ab. Meistens geschieht das bei Rotweinen, kommt aber auch bei älteren, im Eichenfass ausgebauten Weißweinen vor (wie bei dem Chardonnay aus Kapitel 3).

Weinsprache

AUSGEWOGEN Dieser Begriff beschreibt einen Wein, in dem Zucker, Säure, Frucht, Tannin, Alkoholgehalt und Holz allesamt da sind und einander nicht überdecken oder dominieren.

GROSS Dieser Begriff wird für Wein verwendet, der die Geschmacksknospen mit großen Geschmackseindrücken füllt, die Nase mit intensiven Aromen und den Mund mit vollem Körper. Diese Weine behaupten sich als Begleiter zu schwerem Essen und sind zu Köstlichkeiten aus dem Meer zu wuchtig. Cabernet, Zinfandel und Syrah sind führend im Kreis der »großen Weine«, und je nach Winzer kann manchmal sogar ein Merlot ein großer Wein sein.

WEIN KARAFFIEREN UND DEKANTIEREN Zum Karaffieren und Dekantieren gießt ihr den Wein einfach um. Soll er atmen und soll der Alkoholgeruch ein wenig verfliegen, kommt er in eine Karaffe mit schlankem Hals und weitem Boden; soll das Depot entfernt werden, in eine speziell geformte Dekantierkaraffe. Hört auf zu gießen, sobald die Ablagerungen vom Flaschenboden den Flaschenhals erreichen – denn sie sollen ja in der Flasche verbleiben – oder gießt den Wein durch ein Seihtuch in den Dekanter. Sofern man sich nicht besonders hervortun will, braucht man keinen Dekanter aus Kristallglas, man kann eine Glaskaraffe benutzen oder den Wein einfach in eine große Glasschale gießen.

WEIN »ATMEN« LASSEN Oft hört man den Tipp, man solle einen Rotwein eine Weile vor dem Eingießen öffnen, damit er »atmen« kann. Das bedeutet, man setzt den Wein der Luft aus, indem man ihn karaffiert oder in einem Glas schwenkt, damit etwas Alkohol verfliegt und der Wein seine wahren Aromen und Eigenschaften präsentieren kann. Für Weine mit hohem Alkoholgehalt wie Cabernets und Zinfandels ist dies besonders wichtig und es hilft jungen Rotweinen, sich zu »öffnen« und zu zeigen, was die Zukunft bringen könnte, sobald sie gereift sind.

WEINE AUS DER NEUEN WELT Dies ist ein allgemeiner Begriff für Weine, die in Nord- und Südamerika, Australien, Neuseeland und Südafrika hergestellt werden, also im Grunde überall außer in Europa. Cabernets aus Kalifornien? Neue Welt – beziehungsweise aus europäischer Perspektive Übersee. Bei Weinen aus der Neuen Welt werden im Weinbau und in der Weinbereitung Wissenschaft und Technik beherzter genutzt. Winzer aus Übersee können ihren Stil ohne viel Aufhebens ändern und tun es auch und sie verlassen sich zur Orientierung nicht auf das Terroir. Diese Weine sind meistens für den Genuss gleich nach Verkaufsbeginn gemacht.

WEINE AUS DER ALTEN WELT Dies ist ein allgemeiner Begriff für Weine, die in Europa erzeugt werden. Cabernets aus Bordeaux? Europa beziehungsweise Alte Welt. Alte Welt steht – wie Alte Schule – für eine feste Verankerung in der Tradition. Europäische Weingüter verlassen sich auf die Führung durch Mutter Natur, und viele europäische Weine brauchen ein gewisses Alter, um zu Anmut und Schönheit zu gelangen.

Die Auswahl im Januar

Für die Cabernet-Sauvignon-Verkostung sollte der Gastgeber den Gästen fünf Cabernet Sauvignons aus fünf verschiedenen Teilen der Welt zuweisen. Das erfordert ein bisschen Koordination, die Gäste müssen also entsprechend instruiert werden. Ihr braucht euch nicht übermäßig wegen der Jahresangabe auf dem Etikett zu stressen. Unser Ziel in diesem Monat ist es, herauszufinden, ob ihr Cabernet Sauvignon mögt, und wenn ja, welche Region in der Welt euren Favoriten hervorbringt.

Wie schon gesagt, diese Rebsorte wächst überall. Hier sind nun ein paar Weine, die leicht zu finden sind und die ihr für eure Verkostung auswählen könnt.

Napa Valley, Kalifornien (€15 bis €30)

Haltet euch fest, denn diese saftigen Rotweine gibt es in vielen herrlichen rubinroten bis violetten Farbtönen. Intensive Tannine, marmeladig, akzentuiert mit Barriquefass-Aromen. Sie sind sehr gut erhältlich und können preislich von 10 Euro bis über 200 Euro pro Flasche variieren. Rechne für diese Flasche für die Verkostung mit ungefähr 20 Euro.

Washington State (€10 bis €25)

Cabernets aus dem US-Bundesstaat Washington sind für ihre Aromen nach reifen Früchten bekannt, neigen aber zu leichteren Tanninen als ihre kalifornische Verwandtschaft.

Bordeaux, Frankreich (€10 bis €20)

Jetzt wird es exquisit. Französische Cabernets demonstrieren Finesse; ihre Persönlichkeit ist zurückhaltender als die amerikanischer Cabernets. Sie haben zwar ganz gewiss Fruchtaromen, aber es sind auch erdigere Aromen nach nassen Steinen oder mineralische Aromen eingewoben. Rotweine aus Bordeaux sind immer Cuvées (aus mehr als einer Rebsorte hergestellt), im Normalfall aus Cabernet Sauvignon und Merlot. Jetzt ist ein guter Moment für etwas Geografie. Die Region Bordeaux hat drei Spitzenweinbaugebiete: das linke Ufer, das rechte Ufer und Graves. Wahrscheinlich werdet ihr allerdings auf dem Etikett nicht »Linkes Ufer« oder »Rechtes Ufer« lesen, sondern das Château oder den Erzeuger. In diesem Monat wollen wir einen Wein vom linken Ufer aufnehmen, wo die Weine überwiegend mit Cabernet bereitet werden, einschließlich Châteaux in Margaux, St.-Julien, Pauillac, Haut-Médoc oder St.-Estèphe. Denkt daran, einen Bordeaux-Wein mit dem Ortsnamen auf dem Etikett zu suchen, damit ihr einen wahrhaftigen Eindruck von Cabernet in diesem Stil bekommt.

Chile (€10 bis €25)

In Chile ist Cabernet Sauvignon omnipräsent. Die Weine sind sowohl vom Stil der Alten als auch von dem der Neuen Welt beeinflusst und variieren in Intensität und Raffinesse. Eins ist sicher – alle besitzen die klassischen Cabernet-Attribute von roten und schwarzen Früchten (Kirschen, Johannisbeeren, sogar Feigen) und Tanninen, aber auch jene unverwechselbare grüne Paprikaschote. Man kann hervorragende Angebote für köstliche Cabernets aus Regionen wie Aconcagua, Cachapoal, Colchagua und Maipo finden.

Argentinien (€10 bis €25)

Vielleicht ist euch der andere argentinische Lieblingsrotwein namens Malbec eher vertraut. In diesem Teil Südamerikas werden – wie in Chile – aber auch Cabernets bereitet, die sehr wenig Geld kosten. Haltet Ausschau nach Weinen aus Mendoza, der größten Anbauregion, als weiteren hervorragenden Wein für die Verkostungsauswahl dieses Monats.

Südafrika (€15 bis €30)

Wenn ihr einen Wein aus den Regionen Stellenbosch, Paarl oder Robertson für eure Verkostung findet, dann lasst ihn euch nicht entgehen. Mein Tipp: Sprecht rechtzeitig vorher mit dem Weinhändler und fragt nach, ob er einen solchen Wein führt oder für euch besorgen kann.

Australien (€10 bis €25)

Aus Down Under fließt sehr viel hervorragender Cabernet. Die meisten werden mehr im Stil der Neuen Welt sein: fruchtbetont und süffig. Sie sind tendenziell nicht so forsch wie die kalifornischen Cabernets, dennoch nimmt man beim Trinken als Erstes die Fruchtnote wahr. Zu den Orten, nach denen es sich zu schauen lohnt, gehören Barossa Valley, McLaren Vale, Langhorne Creek, Margaret River, Coonawarra und Yarra Valley.

Pirat: Merlot aus Kalifornien (€8 bis €15)

Stellt in diesem Monat einen Merlot als sogenannten Piraten dazu und schaut, wer erraten kann, um welche Flasche es sich handelt. Kleiner Tipp: Der Merlot müsste deutlich heller sein als die Cabernets. Er wird auch leichter und weicher am Gaumen sein.

Die Verkostung

Zückt eure Verkostungszettel – jetzt wird endlich probiert. Cabernets wärmen und machen rote Bäckchen – lustigerweise haben Rotweine diesen Effekt. Nehmt euch Zeit und denkt über alles nach, was ihr seht, riecht, schmeckt und fühlt.

ZEIT UND TEMPERATUR

Eine jetzt gekaufte Flasche Cabernet ist höchstwahrscheinlich für den sofortigen Genuss bereit. Ein Verfallsdatum wäre zwar hilfreich, doch ein solcher Rotwein ist typischerweise drei bis fünf Jahre nach der Ernte trinkbereit. Das kann man leicht anhand der Jahrgangsangabe ermitteln, denn das ist das Jahr auf dem Etikett. Er ist bereits in den Fässern und Flaschen gereift und wird verkauft, wenn man ihn auf der Höhe seiner Qualität glaubt. Cabernets kann man jahrelang im Keller oder anderswo lagern, solange man über die richtigen Lagerungsbedingungen verfügt und versteht, dass der Wein sich mit der Zeit verändert, wodurch Fruchtigkeit und Struktur milder beziehungsweise weicher werden.

Cabernet Sauvignon sollte etwas kühler als die Durchschnittstemperatur im Haus genossen werden. Bei Raumtemperaturen über 21 °C stellt man den Cabernet vor dem Einschenken 15 bis 20 Minuten in den Kühlschrank. Die ideale Trinktemperatur für diesen geschmeidigen Rotwein liegt zwischen 15,5 °C und gut 18 °C. Ist er zu warm, hat man viel Alkohol und keine klaren Fruchtaromen. Ist er zu kalt, lassen sich die Aromen und Geschmacksrichtungen nicht herausschmecken. Wie bei anderen großen Rotweinen gilt: Nach dem Entkorken hat der Wein eine Lebensdauer von zwei bis vier Tagen.

FARBE Cabernet Sauvignon changiert farblich von Dunkelrot über Rubinrot bis Violettrot. Während junge Cabernets strahlende Rottöne aufweisen, kann eine 20 Jahre alte Flasche Cabernet Sauvignon durchscheinender wirken, heller sein und Brauntöne besitzen. Zur Beschreibung eines Cabernets sollte man nie den Begriff »wässrig« verwenden – wenn der Glasinhalt wässrig ist, wäre ich skeptisch, dass es sich wirklich um einen Cabernet handelt. Was man betrachtet, sollte eine tiefe, dunkle und satte Farbe haben.

AROMA Werden Cabernets aus Kalifornien probiert, duften sie im Glas höchstwahrscheinlich fruchtiger als Cabernets aus Bordeaux. Einige Früchte, die man riecht, können Kirschen, schwarze Johannisbeeren und Cassis sein. Cabernets können auch gemüsig sein und nach Spargel und roten Paprikaschoten duften. Andere Aromen, auf die zu achten ist, sind Vanille, Gewürznelke, schwarzer Pfeffer, Kakao und sogar Lakritz. Versucht mal, ob ihr diese anderen Elemente beim Einatmen ausmachen könnt: Eukalyptus, Minze und Schokolade (Vollmilch oder Zartbitter). Teilt euch gegenseitig alle anderen Aromen mit, die euch in den Sinn kommen. Wahrscheinlich seid ihr mit euren Eindrücken nicht allein. Denkt daran: Je länger der Wein der Luft ausgesetzt ist (also geöffnet), desto stärker werden sich die Aromen verändern.

GESCHMACK Cabernet Sauvignon ist ein großer Wein, opulent und vollmundig. Achtet auf seine großen Aromen, den großen Geschmack, den großen Körper – und den großen Alkoholgehalt. Dieser kann in einem Cabernet Sauvignon von 12 Prozent bis über 14 Prozent schwanken. (Schaut auf das Etikett, es verrät ihn.) Wenn ihr im ersten Moment nur den Alkohol riecht und schmeckt, lasst den Wein atmen und kostet ihn dann erneut.

KÖRPER Ich habe nie einen Cabernet Sauvignon getrunken, der nicht einen mittleren bis voluminösen Körper hatte. Diese Rebsorte beeindruckt stark mit großem, saftigem, vollem Körper, entstanden durch die Tannine in der dicken Beerenhaut und durch die Reife im Eichenfass. Im Milchvergleich landet Cabernet normalerweise im Spektrum irgendwo bei Vollmilch. Achtet beim Verkosten von Cabernets in diesem Monat auf die Tannine und darauf, wie ihr sie erlebt. Wenn der Mund sich nach dem Probieren eines großen Rotweins pelzig anfühlt, so heißt das, dass die Tannine sehr stark sind. Wenn ihr jene Trockenheit nur gerade eben in den Wangen oder am Gaumen spürt, dann sind die Tannine weich.

FINALE Um beim Thema »groß« zu bleiben, sei noch zu sagen, dass Cabernets normalerweise ein großes Finale haben. Sei es ein Brennen im Hals vom hohen Alkoholgehalt oder das pelzige Gefühl im Mund von den Tanninen, man weiß mit Sicherheit, dass man gerade einen Cabernet trinkt. Achtet darauf, über wie viele Sekunden diese Empfindungen anhalten. Ein gut ausgewogener Cabernet hinterlässt im Mund den Wunsch nach mehr und nicht nach einem Glas Wasser.

JANUAR

Rezepte

Cabernet
Sauvignon

DAS PASST DAZU Wir ergänzen unsere großen Rotweine in diesem Monat mit opulenten Häppchen wie sahnigem Brie und kräftigen Aromen wie Bacon und japanischen Fleischspießen vom Grill. Denkt daran: Scharfe Speisen sind beim Genuss von Cabernet ein No-Go! Denn große Rotweine wie Cabernet Sauvignon enthalten normalerweise mehr Alkohol. Er erzeugt von sich aus Wärme, und wenn man etwas Scharfes dazu isst, gießt man Benzin ins Feuer. Bringt daher Appetit auf schönes Essen mit und macht es euch bei der Weinparty dieses Monats mit Cabernets gemütlich.

Gebackener Brie ist einer der Appetizer, die immer sehr gut ankommen und schön einfach zuzubereiten sind. Er hat gleich zwei Funktionen: Er sieht herrlich aus und ist eine leckere, warm-weiche Delikatesse. Wer Kirschen nicht so gern mag, nimmt stattdessen Himbeer-, Johannisbeer- oder Erdbeermarmelade.

Gebackener Brie mit Balsamico-Kirschen und Salbei

FÜR 12–14 PORTIONEN

80 g eingelegte Kirschen

2 EL Balsamicocreme (siehe Anmerkung)

1 Blätterteigplatte, aufgetaut

1 runder Brie (ø 10 cm), ca. 250 g

2 TL frischer Salbei, gehackt

1 Ei, verquirlt

Cracker zum Servieren

Anmerkung: Balsamicocreme ist lediglich Balsamicoessig, der um die Hälfte reduziert ist und dadurch eine sirupartige Konsistenz hat. Entweder gekaufte Creme verwenden oder selbst herstellen.

Den Ofen auf 200 °C Ober-/Unterhitze (Umluft: 180 °C) vorheizen. Ein Backblech mit Backpapier auslegen.

In einer kleinen Schüssel eingelegte Kirschen und Balsamicocreme gründlich vermischen.

Blätterteigplatte entrollen und den Brie in die Mitte setzen. Mit dem Kirschen-Balsamico-Gemisch belegen. Salbei darüberstreuen.

Blätterteig hochklappen und über den Brie falten. Mit einem Pinsel das ganze Gebäckstück mit verquirltem Ei bestreichen. Mit der Naht nach oben auf das vorbereitete Blech geben.

35 bis 40 Minuten backen, bis der Teig goldbraun ist. Auf eine Servierplatte setzen und mit Crackern servieren.

Marcona-Mandeln bekommt man oft geröstet und gesalzen. Wer in seinem Geschäft der Wahl keine anderen finden kann, gibt lediglich die frischen Kräuter hinzu und erwärmt alles, damit die Aromen zur Geltung kommen.

ERGIBT CA. 230 G

250 g geröstete, ungewürzte Marcona-Mandeln

1 TL Olivenöl

1 TL frische Thymianblätter

1 TL frischer Rosmarin, gehackt

2 TL Fleur de Sel

Marcona-Mandeln mit Kräutern und Fleur de Sel

Den Ofen auf 180 °C Ober-/Unterhitze (Umluft: 160 °C) vorheizen.

Die Mandeln auf ein Backblech geben (ohne Backpapier). Mit dem Olivenöl beträufeln und mit Thymian und Rosmarin bestreuen. Vermengen, sodass sie gleichmäßig überzogen sind. 10 Minuten backen, bis sie angeröstet sind und aromatisch duften.

Mandeln aus dem Ofen nehmen und mit fast dem gesamten Fleur de Sel bestreuen, um sie gleichmäßig damit zu überziehen. In eine Schüssel umfüllen und das restliche Salz darüberstreuen. Warm servieren.

Japanische Rindfleischspieße vom Grill (Yakiniku)

Rotwein zu rotem Fleisch, da muss man gar nicht nachdenken. Wer die japanische Grillsoße nicht selbst vorher zubereiten möchte, kann in der Asia-Abteilung von Lebensmittelgeschäften, in Spezialgeschäften oder online fertige Produkte finden. Es ist praktisch, diese Würzsoße für schnelle und einfache Marinaden und Dips parat zu haben. Für dieses Rezept braucht man 24 Spieße, je 25 cm lang.

ERGIBT 20–24 SPIESSE

450 g Skirt Steak (aus dem Zwerchfell des Rindes; evtl. beim Metzger fragen), quer zur Faser in 6 mm breite Scheiben geschnitten

100 ml japanische Grillsoße (Rezept folgt)

2 Frühlingszwiebeln, in Ringe geschnitten

1 Handvoll frische Korianderblätter

Das geschnittene Rindfleisch mit 60 ml Soße in einen Zip-Gefrierbeutel geben. Darauf achten, dass das Fleisch vollständig mit Soße überzogen ist. Den Beutel mindestens 2 Stunden oder über Nacht (maximal 8 Stunden) in den Kühlschrank legen.

Fleisch herausnehmen und auf jeden Spieß je eine Scheibe stecken. Backblech mit Alufolie auslegen und die Spieße darauf anordnen. Den freien Bereich der Spieße mit Alufolie schützen.

Den Ofengrill auf höchster Stufe vorheizen.

Das Backblech im Ofen auf oberster Schiene platzieren und 2 Minuten grillen. Die Spieße wenden, die freien Bereiche der Spieße wiederum mit Alufolie abdecken und nochmals 2 Minuten von der anderen Seite grillen.

Aus dem Ofen nehmen und auf einem Teller oder einer Platte servieren. Die restlichen 40 ml japanische Grillsoße in einem Schälchen als Dip dazu reichen. Die Spieße zum Garnieren mit Frühlingszwiebeln und Korianderblättern bestreuen und servieren.

ERGIBT CA. 400 ML

3 Knoblauchzehen, gehackt
100 ml Sake
100 ml Mirin
100 ml Sojasoße
50 g Zucker
3 EL Sesamöl

Japanische Grillsoße

In einem kleinen Topf Knoblauch, Sake, Mirin und Sojasoße aufkochen und 3 Minuten leise köcheln lassen. Zucker hinzufügen und umrühren, bis er sich aufgelöst hat. Vom Herd nehmen, in eine kleine Schüssel füllen und Sesamöl hinzugeben. Bis zum Verzehr in den Kühlschrank stellen.

Diese Marmelade macht süchtig. Mit Pimento Cheese – einer Spezialität aus den Südstaaten der USA – auf Baguettescheiben serviert passt sie wunderbar zu Rotwein, insbesondere zu Cabernet Sauvignon.

ERGIBT 10–12 CROSTINI

- 450 g Bacon, in ca. 1,5 cm große Stücke geschnitten
- 1 mittelgroße Zwiebel, fein gewürfelt
- 2 Knoblauchzehen, gehackt
- 50 ml Rotwein
- 150 ml Filterkaffee
- 50 ml Apfelessig
- 60 g dunkelbrauner Zucker
- 80 ml Ahornsirup
- 30 g frische Jalapeños, gehackt
- Salz und schwarzer Pfeffer aus der Mühle
- ½ schmales Baguette, schräg in 0,5–1,5 cm dicke Scheiben geschnitten

Crostini mit Bacon-Rotwein-Marmelade und Pimento Cheese

Bacon-Marmelade

Den Bacon in einer großen Sautierpfanne so lange auf mittlerer Stufe braten, bis er ausgelassen ist und das Fett allmählich braun wird (12–14 Minuten). Bacon aus der Pfanne nehmen und auf einem mit Küchenpapier ausgelegten Teller beiseitestellen.

Das Fett bis auf 1 EL abgießen, die Hitze auf niedrige Stufe verringern und Zwiebel und Knoblauch in die Pfanne geben. Anbraten, bis die Zwiebeln weich und glasig sind (6–8 Minuten).

Rotwein, Kaffee, Essig, braunen Zucker, Ahornsirup und Jalapeños hinzufügen. Aufkochen und 2–3 Minuten kochen.

Den Bacon wieder in die Pfanne geben und vermengen. Auf niedriger Stufe ca. 45 Minuten ohne Deckel leise köcheln lassen oder bis die Flüssigkeit eine sirupartige Konsistenz hat. Kosten und falls nötig mit Salz und Pfeffer abschmecken. Die Reste in einem luftdichten Behälter im Kühlschrank aufbewahren. Vor dem Servieren auf Zimmertemperatur kommen lassen oder etwas aufwärmen.

Pimento Cheese

1 Stück à 120 g guter gelber Cheddar-Käse, gerieben (siehe Anmerkung)

1 EL geriebene Zwiebel

1½ EL gehackte Pimento oder geröstete rote Paprikaschoten

3 EL Mayonnaise

Salz

Anmerkung: Es ist wichtig, frisch geriebenen Käse zu verwenden, denn geriebener Käse aus der Tüte beeinträchtigt die Konsistenz.

Geriebenen Käse, Zwiebel, Pimento und Mayonnaise in die Schüssel einer Küchenmaschine geben und zur gewünschten Konsistenz pürieren. Salzen. Mit einem Spatel in eine Servierschüssel füllen und mit Frischhaltefolie abdecken. Bis zum Servieren kaltstellen.

Anrichten: Die Brotscheiben mit je ca. 2 TL Pimento Cheese bestreichen und ½ bis 1 TL Bacon-Marmelade daraufgeben. Sofort servieren.

Denkt euch hierbei, dass es die beste mit Schokolade überzogene süße Brezel ist, die ihr je essen werdet. Mit all den Schokoladen-, Kakao- und Kaffeearomen in Cabernets ist dieses Dessert perfekt für die Weinprobe im Januar.

Dunkles Schokoladenmousse aus drei Zutaten mit Kaffeecreme und süßen Brezeln

FÜR 8-10 PORTIONEN

Mousse

300 g dunkle Schokotröpfchen

480 ml Konditorsahne

30 g Puderzucker

Kaffeecreme

30 g Instant-Kaffeegranulat

50 g Kristallzucker

60 ml kochendes Wasser

25-30 Minibrezeln

Für die Mousse: Die Schokotröpfchen in eine feuerfeste Schüssel geben.

In einem kleinen Topf 240 ml von der Sahne auf mittlerer Stufe zum Köcheln bringen. Schokotröpfchen damit übergießen und umrühren, damit sie schmelzen.

Die restlichen 240 ml Sahne und den Puderzucker in eine zweite Schüssel geben. Mit einem Handmixer bei mittlerer Geschwindigkeit aufschlagen, bis sich mittelgroße Spitzen bilden.

Die geschlagene Sahne mit einem Gummispatel vorsichtig und in drei Portionen unter das Schokoladengemisch ziehen.

Wenn alles gut vermischt ist, die Masse auf 8–10 kleine Schälchen verteilen; sie sollen zur Hälfte gefüllt sein. In den Kühlschrank stellen.

Für die Kaffeecreme: In einer Schüssel das Kaffeegranulat mit Zucker und kochendem Wasser vermischen. Zunächst verrühren, damit sich Granulat und Zucker auflösen. Mit einem Handmixer ca. 4 Minuten aufschlagen, bis steife, glänzende Spitzen stehenbleiben. In jedes Schälchen 1–2 EL Creme auf die Schokomousse geben. Bis zum Servieren kaltstellen.

Anrichten: Auf jedem Schälchen 3 Brezeln arrangieren und servieren.

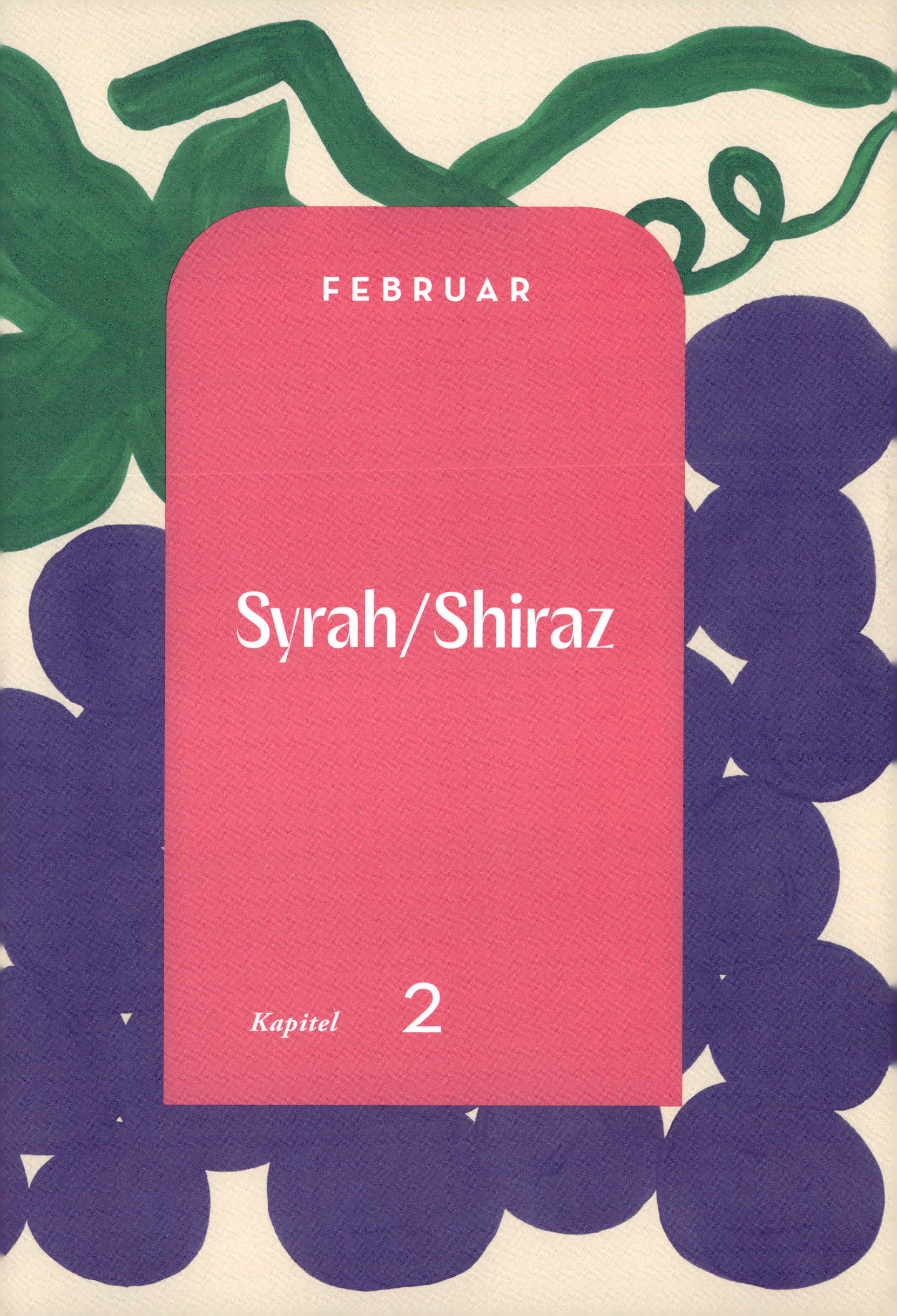

FEBRUAR

Syrah/Shiraz

Kapitel 2

FEBRUAR

2

Wärmt euch diesen Winter mit Syrah! Nicht nötig, beim Blick auf die Preisschilder von französischem und kalifornischem Syrah in Wallung zu geraten – ihr könnt diesen Wein unter seinem anderen Namen Shiraz (in Australien üblich) in den meisten Weinläden finden, und manche zu einem Schnäppchenpreis! Zu Lernzwecken empfehle ich, in diesem Monat die beiden teureren Syrahs aus Frankreich und Kalifornien in der Auswahl zu belassen. Für Syrah werdet ihr etwas mehr ausgeben als für Shiraz, aber wenn ihr beide nebeneinander probiert, wird euch der Unterschied definitiv auffallen.

Über Syrah/Shiraz

Diese beiden Rebsorten sind eineiige Zwillinge, die bei der Geburt getrennt wurden. Genetisch sind sie identisch, doch im Glas ist die geschmackliche Bandbreite beträchtlich. Was man schmeckt, hängt komplett davon ab, wo diese Trauben das Licht der Welt erblickten und wer sie vom Weinberg bis ins Fass aufgezogen hat. Die französische Region Rhône ist für ihren Wahnsinns-Syrah bekannt, vor allem der Norden; doch auch weiter südlich findet man ein paar Schätze, beispielsweise in der Region Languedoc.

Shiraz ist mit Abstand die beliebteste Traube in Australien. Die Fähigkeit der Australier, zu zeigen, wie köstlich diese Traube sein kann, hat der australischen Weinindustrie Ruhm und Erfolg beschert. In Kalifornien nennt man die Sorte Syrah, in Südafrika Shiraz. Wenn wir also in diesem Kapitel über Frankreich und Kalifornien reden, nennen wir den Wein Syrah, und Shiraz sagen wir, wenn wir über Weine reden, die aus anderen Regionen stammen. Sobald ihr anfangt zu probieren und zu schnuppern, werdet ihr die Unterschiede zwischen den beiden erkennen.

Rhône 101

Alle Weine, die ihr in diesem Monat verkostet, sind klar als »Syrah« oder »Shiraz« etikettiert – mit Ausnahme der französischen Weine. Denn wie ihr mittlerweile wisst, bezeichnen die Franzosen ihre Weine nach dem Ort, an dem die Trauben wachsen, und nicht nach dem Namen der Traube.

Weine aus der Region Rhône nennt man generell Côtes du Rhône. Die Region Rhône ist in zwei große Anbaugebiete aufgeteilt, den Norden und den Süden, und in diesem Monat beschäftigt uns der Norden. Zwar werden auch andere Trauben im Gebiet nördliche Rhône angebaut (etwa die weiße Sorte Viognier, die ihr in Kapitel 5 verkostet), doch die tiefdunkle Syrah dominiert in dem Gebiet, aufgeführt unter folgenden Weinbauregionen:

HERMITAGE UND CÔTE-RÔTIE Diese Weine gelten als die großen Großen – groß in ihren Eigenschaften durch die Fässer, in denen sie zum Reifen gelagert werden, was übertragen große Tannine und großen Alkoholgehalt bedeutet. Wie ihr bei den Cabernets gelernt habt, ergeben diese Attribute einen Wein, der durch ein paar Jahre in der Flasche gewinnt. Man kann sie öffnen, sobald sie in den Verkauf kommen, doch dann verpasst man die vollen Schokoladen- und Tabaknoten, die sich mit der Reife erst richtig entfalten.

CORNAS, SAINT-JOSEPH UND CROZES-HERMITAGE Dies sind die nächsten auf der Beliebtheitsskala (weniger beliebt heißt bezahlbarer, und das ist genau meine Richtung). Diese feinen Weine sind voller Geschmack, und das zu einem attraktiveren Preis. Syrah-Weine aus Saint-Joseph oder Crozes-Hermitage sind, wenn sie gerade in den Verkauf kommen, verglichen mit den anderen am besten trinkbar.

SÜDLICHES RHÔNETAL Wenn wir etwas weiter in das südliche Rhônetal gehen, stoßen wir auf sehr berühmte Weine aus der Grenache-Traube und auch auf ein paar herrliche Weine aus mehreren Rebsorten. Die bekannteste Cuvée ist Châteauneuf-du-Pape. Dieser sexy Rotwein wird aus Syrah und vielen verschiedenen roten und weißen Rebsorten hergestellt – es können insgesamt 13 verschiedene Sorten verwendet werden.

Rote und weiße Trauben mischen? Allerdings! Das geschieht öfter, als man denkt. Die Syrahs, die ihr aus der Region nördliches Rhônetal verkostet, werden zum größten Teil aus der Rebsorte Syrah bereitet, die meisten sind aber mit kleinen Mengen weißer Trauben verschnitten; Viognier gelangt in den Côte-Rôtie und kleine Mengen Roussanne und Marsanne (beides leckere weiße Trauben) sind in Hermitage, Crozes-Hermitage und Saint-Joseph zu finden. Nur der Cornas bekommt keinerlei weiße Trauben, er besteht gänzlich aus Syrah.

Und jetzt ist Schluss – fangt nicht an, euch die Mengen an Weißwein zu merken, die in diese Rhône-Syrahs kommen. Wichtig zu behalten ist, dass diese französischen Weine eine klitzekleine Menge einiger weißer Rebsorten enthalten. Nennen wir es einfach das gewisse *je ne sais quoi*.

Der Duft sagt mehr als tausend Worte

Wein riecht nicht immer nach Rosen, und Syrah von der Rhône kann einer jener Weine sein, die die Tafel mit dezentem Gemüffel bereichern. Wenn ihr beim ersten Schnuppern glaubt, ihr riecht etwas Unangenehmes, so macht kein Geheimnis daraus: Besprecht es mit den anderen in der Runde. In Rotwein lassen sich Weinfehler weitaus schwieriger ausmachen als in Weißwein. Das liegt daran, dass viele Rotweinaromen die Fehlnoten überdecken. Es gibt allerdings bestimmte faulige Aromen, die man als vertretbar betrachtet. Wundert euch nicht, wenn ihr in späteren Kapiteln bei bestimmten Weinen auf Katzenurin und Pferdestall als passende Geruchswahrnehmungen stoßt. Für den Moment bezeichnen wir sie als erworbene Aromen. Ich wette, ihr hättet nie gedacht, dass verbranntes Gummi ein Aroma sein könnte, das euer Wein haben sollte, doch bei Syrah … ach, ihr werdet es merken.

Bei Syrah werdet ihr alles Mögliche von dunklen Beeren und pflaumigen Fruchtaromen bis zu mehr als nur einem Hauch Gewürz riechen. Bevor wir jedoch mit dem Schwenken des Weins und dem Erschnuppern all dieser schönen Dinge anfangen, reden wir ein wenig über einige Duftnoten, die nicht so ersprießlich sind.

Kork

Den Begriff Kork haben oder korkig sein als Beschreibung für einen Wein habt ihr vielleicht schon gehört. Das bedeutet nicht, dass der Korken kaputtgegangen und etwas davon im Wein gelandet ist, sondern dass durch einen fehlerhaften Korken etwas TCA (eine übel riechende chemische Verbindung namens Trichloressigsäure, die von Korken stammt oder von den Fässern, in denen Wein lagerte oder reifte) den Wein kontaminieren konnte. TCA bringt euch zwar nicht um, verdirbt aber die Freude am Wein.

Meistens ist TCA in solch kleinen Mengen vorhanden, dass man sie nicht bemerkt. Manchmal aber gibt der Wein einen muffigen, modrigen Geruch ab (mich erinnert er an die schmutzigen Schweißsocken meines Bruders oder an den Geruch von feuchter Kleidung nach einem Spieltag im Schnee). Wenn ihr so etwas riecht, trinkt den Wein nicht. In einem Restaurant lässt man ihn zurückgehen; hat man ihn im Laden gekauft, bittet man um Erstattung. Und Achtung: Eine erschreckend hohe Anzahl von Weinflaschen hat Kork, zwischen 5 und 15 Prozent, je nachdem, wen man fragt. Wenn ihr also das Gefühl habt, euer Wein schmecke nach Schweißsocken, vertraut eurem Urteil und öffnet eine andere Flasche.

Überhitzter Wein

Was ebenfalls schlecht sein kann für guten Wein, ist, wenn er »gekocht« wird. Mit diesem Begriff ist genau das gemeint, was er aussagt: Nach der Abfüllung in die Flasche ist der Wein irgendwie zu heiß geworden und wurde sozusagen etwas gebacken. Dadurch ist er im Ergebnis dünn und fad und die Aromen erinnern eher an geschmorte Pflaumen als an frische Früchte. Und während geschmorte Pflaumen in bestimmten Weinen wie Portwein akzeptabel sind, möchte man sie doch nicht bei einem Shiraz riechen – eigentlich möchte man bei den meisten Rotweinen darauf verzichten.

Gut möglich, dass ihr schon mal einen überhitzten Wein probiert habt, ohne es zu merken. Wenn man die Verschlusskapsel entfernt (die Metallhülse über Flaschenhals und -mund) und der Korken weist Anzeichen von Leckage auf oder der Flaschenhals macht die Finger klebrig, dann ist der Wein höchstwahrscheinlich heiß geworden. Auch wenn man noch vor dem Entfernen der Kapsel bemerkt, dass der Korken sich gegen die Verschlusskapsel drückt, hat der Wein wahrscheinlich mal hohe Temperaturen erreicht. Prüft den Korken der Flasche, bevor ihr sie kauft – er sollte perfekt im Flaschenhals sitzen und überhaupt nicht hervorschauen.

Für überhitzten Wein kommen mehrere Schuldige infrage. Manchmal lassen Spediteure Paletten draußen in der Hitze stehen, in anderen Fällen haben Geschäfte in den Sommermonaten kein ordentliches Kühlsystem; sogar ein heißes Lieferfahrzeug kann ausreichen. Oder man ist selbst schuld daran! Ich kann gar nicht sagen, wie oft ich zu Freunden nach Hause kam und sah, dass sie ihren Wein auf dem Kühlschrank aufbewahrten. Macht das nicht! Ein Kühlschrank ist oben normalerweise warm oder warme Luft wird vom rückwärtigen Motor nach oben geblasen. Nicht gut für Wein! Wer keinen Weinkeller, Weinkühlschrank oder trockenen Keller hat, bewahrt den Wein hinten in einem kühlen, dunklen Wand- oder Vorratsschrank auf. Dort kann man die Flaschen gut für eine Weile lagern.

Schwefel oder verbranntes Gummi

Steckt die Nase in ein Glas Wein, atmet tief ein und nehmt diese Aromen von Früchten und Gewürzen auf, von frisch gemahlenem Pfeffer und ... verbranntem Gummi?

Was ihr riecht, ist keine Reifenfabrik, sondern Schwefeldioxid. Es wird oft bei der Flaschenabfüllung verwendet, um die Haltbarkeit zu verbessern. Erhält der Wein jedoch eine Überdosis dieser Substanz, wird er stechender. Rechnet dies zu den nicht so schönen Aromen.

Das zumindest ist der Fall, sofern ihr keinen Syrah aus dem Gebiet Nördliche Rhône trinkt. Denn dann – glaubt es oder nicht – kommt dieser Schwefelgeruch nicht davon, dass Schwefeldioxid zugesetzt wurde. Nicht voll ausgereifter Syrah kann diesen Geruch nach verbranntem Gummi abgeben. Und bestimmte Teile der Rhône-Region (zum Beispiel die Ardèche) bringen eher mal Trauben hervor, die diesen Geruch haben. Manche sagen, es sei ein gewünschtes Merkmal des Saftes (überlassen wir ihn ruhig den Franzosen). Normalerweise schwenkt man dann das Glas und nach ein oder zwei Minuten verfliegt das Aroma. Denkt an dieses Detail, wenn ihr den Wein schwenkt und an ihm riecht. Wenn ihr einen Hauch dieses Aromas wahrnehmt, könnt ihr darauf wetten, dass es ein Syrah von der Rhône ist.

Weinsprache

FRUCHTBETONT Dieser Begriff wird verwendet, um Weine zu beschreiben, die vor allen anderen Aromen oder Geschmacksrichtungen als Erstes die Fruchtaromen präsentieren. Riecht man im ersten Hauch Erde und Gewürze, ist der Wein nicht fruchtbetont. Fruchtbetont ist er, wenn man beim Einatmen im allerersten Atemzug je nach Wein quasi schlagartig Beeren oder tropische Früchte wahrnimmt. Dasselbe gilt für den ersten Schluck: Wird diese Beschreibung für Wein verwendet, sollte Frucht der erste Geschmackseindruck sein.

PETITE SIRAH Obwohl der Name klingt wie Syrah und der Wein wie Syrah aussehen, riechen und schmecken kann, ist es kein Syrah. Dies ist eine völlig andere Rebsorte, die bekanntermaßen in Nordkalifornien gut gedeiht.

VIN DE PAYS Französischer Landwein, der aus einer bestimmten geografischen Region stammt und aus bestimmten Rebsorten hergestellt wird. Aufgrund der Besonderheiten bei der Weinbereitung ist er besser als Vin de Table.

VIN DE TABLE/VIN DE FRANCE Französischer Tafelwein, der aus ganz Frankreich kommen und aus jeglichen Rebsorten hergestellt werden kann.

WENN TRÄNEN FLIESSEN

In der Weinwelt sprechen wir häufig über »Tränen«, auch Kirchenfenster genannt. Um die Tränen deines Weins zu prüfen, schwenke den Wein im Glas. Siehst du die kleinen herabfließenden Schlieren, die entstehen, wenn der Wein anfängt, an der Rundung des Glases hinabzufließen? Das sind die Tränen.

Wenn diese Strukturen dünn und schnell fließend sind, sagt man, der Wein habe schwächere Tränen – ein Indikator für einen Wein mit leichtem bis mittlerem Körper. Sauvignon Blanc hat im Allgemeinen schwächere Tränen. Stärkere Tränen zeigen einen höheren Alkoholgehalt an und können auch ein Hinweis auf viskose, voluminösere Weine wie Cabernet und Syrah sein.

Schwenkt also den Syrah und achtet auf die Tränen. Sein Körper wird euch offenbart, noch ehe ihr überhaupt einen Schluck genommen habt.

Die Auswahl im Februar

Wir verkosten in diesem Monat Syrah aus zwei Regionen in Frankreich, einen aus Kalifornien und einen Shiraz aus Australien.

Region Rhône, Frankreich (€10 bis €25)

Côtes du Rhône, Côte-Rôtie, Saint-Joseph oder Crozes-Hermitage stammen alle aus dem Gebiet nördliche Rhône, sind körperreich und waren im Eichenfass.

Region Languedoc, Frankreich (€8 bis €15)

Rund 80 Prozent von Frankreichs Vin de Pays (Landwein) kommen aus der Region Languedoc im sonnigen Süden. Obwohl die Region wegen der erzeugten Menge berühmt ist, hat sie auch hochwertige Rotweincuvées zu bieten, die rund und marmeladig im Geschmack sind, mit Lakritz-, Ingwer- und Gewürznoten. Generell sind die hiesigen Weine preisgünstiger und zugänglicher als die nuancierten Weine der nördlichen Rhône.

Kalifornien (€10 bis €20)

Der voluminöse Syrah aus Kalifornien zeigt seine typische Gewürznote mit schwarzem Pfeffer, Lakritz, Eukalyptus und Minze in der Nase.

Shiraz aus Australien (€10 bis €25)

Dieser Wein aus der Neuen Welt wird opulent und intensiv sein und alle Standardattribute von Syrah besitzen – rote Früchte und Gewürz, aber mit kräftigerem Ausdruck.

Pirat: Cabernet Sauvignon aus Kalifornien (€15 bis €30)

Im letzten Monat habt ihr Cabernet aus dem Napa Valley gekostet. In diesem Monat stellen wir euer Gedächtnis auf die Probe und nehmen einen Cabernet als Pirat dazu.

Die Verkostung

Syrah und Shiraz präsentieren sich unterschiedlich im Glas, aber bei beiden werdet ihr vom rotvioletten, samtigen Aussehen betört sein. Und diese Weine setzen eine riesige Vielfalt an Aromen frei, mehr als irgendeine andere Rebsorte. Manche zeigen zuerst Fruchtaromen, andere überwältigen euch mit schwarzem Pfeffer und Gewürznoten. Zuweilen nimmt man auch Blumen und Schokolade wahr. Wenn so viel im Glas passiert, kann es schwer sein, einen Favoriten auszuwählen.

ZEIT UND TEMPERATUR

Syrah ist ein großer, tanninreicher Rotwein und man genießt ihn idealerweise bei Zimmertemperatur. Das bedeutet, ihr solltet ihn nicht in den Kühlschrank (zu kalt) oder auf den Kühlschrank (zu warm) stellen. Die Zimmertemperatur variiert natürlich, je nachdem, ob man in einem Schloss oder einer Hütte ist. Geht es um Wein, dann liegt der Referenzwert für Zimmertemperatur bei ca. 16 bis 18 °C.

FARBE Syrah und Shiraz haben dunklere Violetttöne als die Cabernets, die ihr im vergangenen Monat probiert habt. Sie können in der Farbe von bräunlich-rot bis zu tiefem, dunklem Blutrot variieren; der ins Bräunliche gehende Wein wird höchstwahrscheinlich der von der Rhône sein. Syrah/Shiraz neigt zu einer dichteren, satten Farbe. Ist ein Wein darunter, der farblich leichter wirkt, betrachtet ihr vermutlich gerade den Piraten.

AROMA Das Gewürz, das am häufigsten mit Syrah/Shiraz assoziiert wird, ist frisch gemahlener schwarzer Pfeffer. Wer eine Pfeffermühle hat, mahlt direkt vor Beginn der Verkostung etwas Pfeffer und stellt den Gästen ein Schälchen mit Pfeffer hin, damit sie beim Verkosten daran riechen können. Das hilft ihnen, dieses Aroma in den Weinen zu erkennen. Ihr werdet merken, dass alle Syrah-/Shiraz-Weine zu einer Nase mit schwarzem Pfeffer und Gewürzen neigen. Die Rhône-Weine werden reich an Rosinen-, Gewürz- und Raucharomen sein; ebenso werdet ihr Schokolade, Tabak, Leder und erdige Aromen ausmachen. Während die Rhône-Weine womöglich auch Pflaumen- und Beerenaromen präsentieren, sind sie nicht generell so fruchtbetont wie der australische Shiraz. Dieser zeigt tendenziell erst Aromen nach reifen Früchten, danach Schichten mit Schokolade, schwarzem Pfeffer und süßeren Gewürzen. Der kalifornische Syrah wird auch süßere Gewürze wie Gewürznelke aufweisen und kann florale Aromen wie Veilchen haben. Schwenkt den Syrah/Shiraz weiter und ihr nehmt womöglich dunkle Schokolade, Kakao, Minze und Lakritz wahr. Und als wäre das noch nicht genug, kann diese Traube auch Aromen von geräuchertem Fleisch und nassem Stein zeigen. Beim Piraten wird es Kirsche, Cassis, Spargel, Paprika und sogar Vanille sein.

GESCHMACK Syrah schmeckt so, wie er riecht. Ihr werdet Gewürz und Erde und rosinige reife Früchte sowie reife Beeren erleben. Shiraz ist ein fruchtiger Rotwein mit Pfeffer- und Schokoladennoten. Bei Shiraz erlebt ihr konzentrierteren fruchtigen Charakter im Vordergrund. Syrah von der Rhône ist etwas schüchterner im Ausdruck großer, kräftiger Fruchtigkeit, sie ist aber definitiv da, gleich neben dem Gewürz.

KÖRPER Syrah/Shiraz führt die Liste der körperreichen Weine an. Üppig am Gaumen, mit vollen Tanninen, die normalerweise im Mund verweilen, sehr vollmundig. Ihr werdet bemerken, dass der Pirat dieses Monats große Tannine hat, doch das Mundgefühl ist womöglich nicht so seidig und intensiv.

FINALE Diese großen Rotweine sind oft sehr tanninreich und ein sehr junger Rhône-Syrah kann ein pelziges Gefühl im Mund hinterlassen. Sie sind nicht etwa sauer, es ist eher die Trockenheit der Tannine, die einem den Mund zusammenzieht. In einem gut gemachten Syrah/Shiraz sind Fruchtnoten und Tannine im Finale harmonisch ausgewogen.

FEBRUAR

Rezepte

Syrah/Shiraz

DAS PASST DAZU Dieser würzige Rotwein ist ein guter Begleiter zu winterlichem Comfort Food und schmeckt sogar zu Gegrilltem hervorragend. Und er passt gut zu Pizza, ausgerechnet! Das ist Wein nach meinem Geschmack. Viele meinen, man müsse zu Rotwein opulentes, sahniges französisches Essen servieren. In manchen Fällen mag das funktionieren, ich finde allerdings, dass schlichte Speisen genauso gut passen.

Etwas scharf, etwas süß und schön knusprig – damit sind dies perfekte Häppchen zu eurem Glas Syrah. Man kann sie im Voraus zubereiten und einfrieren oder ein paar Tage vor dem Servieren in den Kühlschrank stellen, muss sie für die Weinparty aber unbedingt aufwärmen.

Herzhafte Häppchen aus Wurstbrät, Süßkartoffel und Quinoa

ERGIBT 20–22 HÄPPCHEN

150 g Süßkartoffel, geschält, gewürfelt

150 g Quinoa, gekocht

250 g amerikanische Frühstückswürstchen (Breakfast Sausage), ohne Pelle

½ TL Salz

1 Ei

Honigsenf, Knoblauch-Aioli oder Ranch-Dressing zum Dippen

Den Ofen auf 180 °C Ober-/Unterhitze (Umluft: 160 °C) vorheizen. Ein Backblech mit Backpapier auslegen.

Die Süßkartoffelwürfel in eine für die Mikrowelle geeignete Schüssel mit 1,5 cm Wasser geben und mit Plastikfolie abdecken. 6–7 Minuten auf hoher Stufe in die Mikrowelle geben; nach der Hälfte der Zeit einmal umrühren. Herausnehmen und überschüssige Flüssigkeit abgießen. Mit einer Gabel vollständig zerdrücken. Auf Zimmertemperatur abkühlen lassen.

In einer großen Schüssel Quinoa, Würstchen, zerdrückte Süßkartoffel, Salz und Ei gleichmäßig vermengen.

Das Gemisch zu 4 cm großen Bratlingen rollen. Auf das vorbereitete Backblech geben und 20 Minuten backen. Anschließend 2 Minuten unter dem Grill schön goldbraun werden lassen.

10 Minuten ruhen lassen und dann mit dem Dressing als Dip servieren. Die Bratlinge lassen sich einige Tage im Voraus zubereiten und im Kühlschrank aufbewahren. Vor dem Servieren 10 Minuten im Ofen erhitzen oder bis sie warm sind.

Dieses Pizzabaguette schlägt Tiefkühlware um Längen. Tomatenbutter ist ein guter Trick, um Tomatenmarkreste aufzubrauchen: super geschmacksintensiv und herrlich zum Überbacken. Und wenn man eine Burrata-Kugel aufbricht und den cremigen Käse darauf verteilt – das ist wirklich ein Genuss.

Pizzabaguette mit Burrata und Rucola

ERGIBT 24 STÜCK

Pizzabaguette

- 1 Baguette, längs aufgeschnitten (wie für ein Sandwich)
- 2 EL Olivenöl
- 1 EL Knoblauchpulver
- 2 EL Parmesan, gerieben
- 50 g Mozzarella, zerzupft
- 2 Burrata-Kugeln à 230 g
- Olivenöl nativ extra zum Beträufeln
- 1 Handvoll Rucola
- grobes reines Meersalz
- Chiliflocken (optional)

Gitterrost auf der mittleren Schiene im Ofen platzieren und den Grill auf hoher Stufe vorheizen. Ein Backblech mit Backpapier auslegen.

Pizza zubereiten: Das Baguette mit den Schnittflächen nach oben auf das vorbereitete Backblech legen. Die Schnittflächen mit Olivenöl einpinseln und gleichmäßig mit Knoblauchpulver und Parmesankäse bestreuen. Backblech auf der mittleren Schiene in den Ofen schieben und Baguettes 2 Minuten grillen oder bis sie geröstet und goldbraun sind. Herausnehmen.

Ofentemperatur auf 230 °C Ober-/Unterhitze (Umluft: 210 °C) verringern.

Tomatenbutter zubereiten: Butter, Tomatenmark und Knoblauch in eine kleine Küchenmaschine geben und mit der Intervalltaste zu einer gleichmäßigen Masse verarbeiten. Tomatenbutter gleichmäßig auf die gerösteten Baguettes streichen.

Tomatenbutter

100 g ungesalzene Butter, zimmerwarm

3 EL Tomatenmark

1 EL Knoblauch, gehackt

Pizza fertigbacken: Zerzupften Mozzarella gleichmäßig auf beiden Hälften verteilen. Backblech wieder in den Ofen schieben und 5–6 Minuten backen, bis der Käse Blasen wirft.

Burrata mit den Händen aufbrechen und auf jeder Baguettehälfte jeweils 1 Kugel verteilen. Mit Olivenöl beträufeln und zum Schluss mit Rucola, Salz und (falls gewünscht) Chiliflocken bestreuen.

Jede Baguettehälfte in 12 Stücke schneiden und servieren.

Dies ist eine nussige Variante des beliebten Horsd'œuvre Pflaumen im Speckmantel, auf Englisch »Devils on Horseback« – Teufel zu Pferd.

Datteln mit Ziegenkäse, Mandeln und Schinken

ERGIBT 24 STÜCK

- 12 Datteln, halbiert, ohne Stein
- 50 g Ziegenkäse
- 24 ganze blanchierte Mandeln
- 6 dünne Scheiben Schinken, jeweils in 4 Streifen geschnitten
- 2–3 EL Olivenöl

Die Dattelhälften mit je ½ TL Ziegenkäse füllen und in die Mitte je 1 Mandel drücken. Die gefüllten Dattelhälften mit einem Schinkenstreifen umwickeln.

Das Olivenöl in einer Sautierpfanne auf mittlerer Stufe erhitzen und die umwickelten Datteln ca. 1 Minute pro Seite ringsum braten, bis der Schinken knusprig und leicht karamellisiert ist. Aus der Pfanne nehmen und auf einem Gitter oder auf Küchenpapier abtropfen lassen. Warm oder zimmerwarm servieren.

Wahnsinn, was man aus dem zubereiten kann, was man so im Vorratsschrank hat. Dieses Dessert ist in weniger als 10 Minuten fertig und die Zubereitung macht Spaß. Ein Bissen der salzig-süß-nussigen Riegel ist der perfekte Abschluss für die Weinparty dieses Monats.

ERGIBT 16 QUADRATE

200 g Käsecracker

600 g Kartoffelchips

230 g weiche Toffeebonbons, zerkleinert

30 g Pekannüsse, gehackt

400 ml Kondensmilch

Salzig-süße Toffeeriegel

Den Ofen auf 180 °C Ober-/Unterhitze (Umluft: 160 °C) vorheizen. Eine 20 × 20 cm große Ofenform mit Backpapier auslegen.

Cracker und Chips in einen Zip-Gefrierbeutel mit ca. 3 l Fassungsvermögen geben und mit einer Teigrolle oder einer Flasche grob zerstoßen; es sollen keine feinen Brösel sein.

Das Cracker-Chips-Gemisch mit den (zerkleinerten) Toffees und Pekannüssen in eine Schüssel geben. Gleichmäßig vermengen. Kondensmilch zugießen und umrühren, bis alles gleichmäßig überzogen ist.

Die Masse gleichmäßig in die vorbereitete Ofenform pressen und 20–25 Minuten backen, bis sie fest ist.

Herausnehmen und in der Form vollständig abkühlen lassen. Dann mit dem Backpapier herausheben, in 16 Quadrate schneiden und servieren.

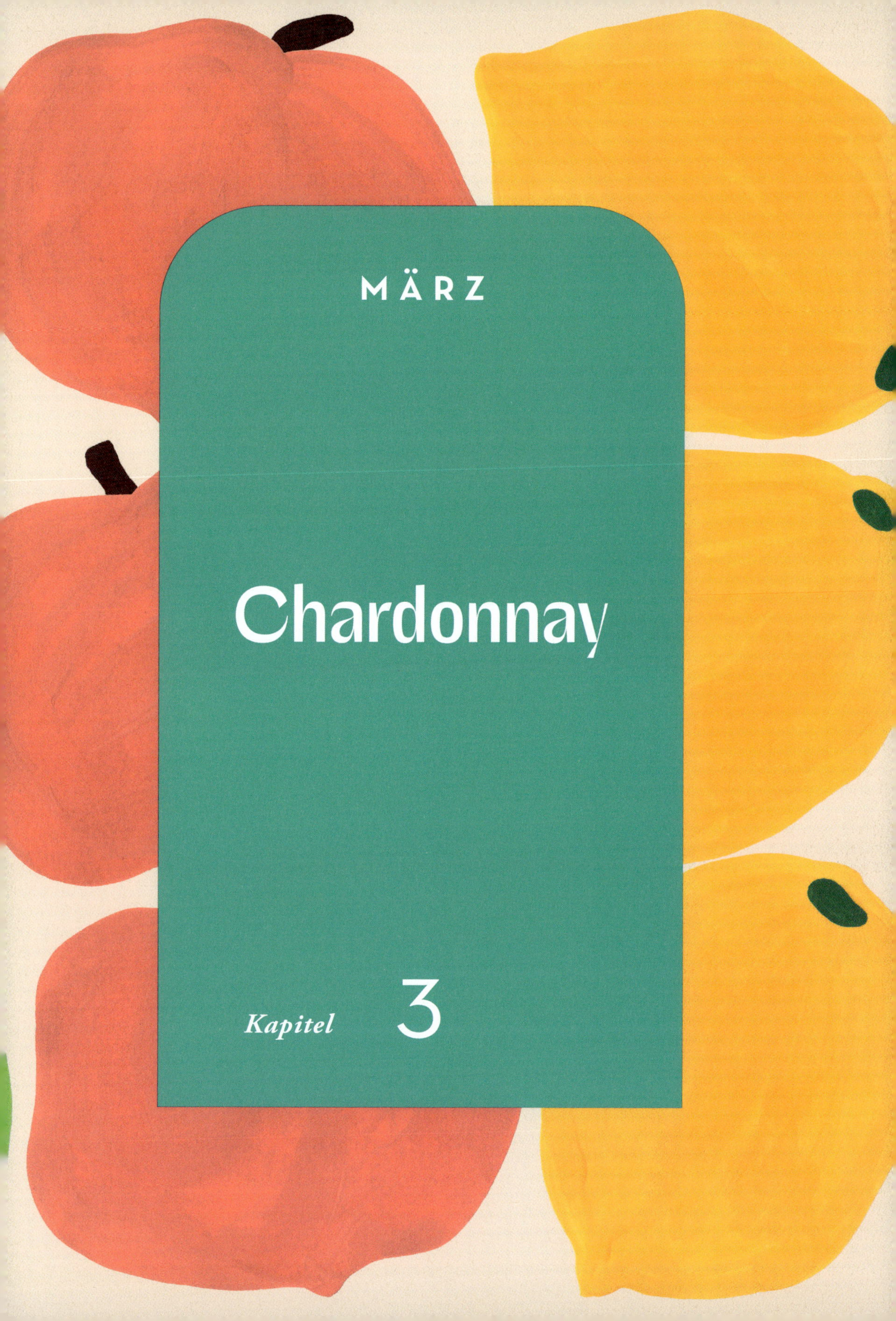

MÄRZ

Chardonnay

Kapitel 3

MÄRZ

3

Jetzt, mit dem Frühling am Horizont, schalten wir um von Rotwein auf Weißwein.

Macht euch bereit: Wir feiern den König der Weißweine, den Chardonnay.

Ich bin ja nun keine Wetterfee. Was ich aber voraussagen kann: Sobald die Luft wärmer wird, schmecken Weißweine besser als Rotweine. Chardonnay ist der perfekte Start für unseren Abstecher zu den Weißweinen, denn Chardonnay ist die beliebteste Weißwein-Rebsorte der Welt.

Chardonnay ist genügsam und gedeiht praktisch überall, wo Wein angebaut wird. Je nach Weinbereitung ist die Vielfalt enorm. In den USA gibt es beispielsweise den Trend: Je größer, buttriger und eichiger der Chardonnay, desto besser – und das hat seinem Ruf dort geschadet. Denn ein übermäßig eichiger Wein ist nicht angenehm zu trinken und kein guter Essensbegleiter. Manche halten Chardonnay für schlicht. Ihr werdet sehen, dass das ganz und gar nicht stimmt.

In diesem Monat lernt ihr eine andere Seite von Chardonnay kennen, die Seite, wegen der Tausende und Abertausende Weinliebhaber nicht genug davon bekommen können. Ihr erlebt die riesige stilistische Bandbreite dieser Rebsorte, denn ich mache euch mit Gegenden bekannt, in denen hervorragende Chardonnays gedeihen und bereitet werden.

Über Chardonnay

Auf der ganzen Welt wird Chardonnay mit Spätburgunder/Pinot Noir und Pinot Meunier zu Champagner, Sekt und anderen Schaumweinen verschnitten und ist das Sternchen unter den leckeren Blanc-de-Blanc-Sprudlern, die ihr im Dezember verkosten werdet. Sollte das noch nicht ausreichen, eure Liebe zu ihm zu wecken: Chardonnay ist außerdem eine der edlen Rebsorten, die allein – also unverschnitten – bestehen können. Da er relativ unkompliziert im Anbau ist, erfreut er sich bei Weinbergmanagern auf der ganzen Welt großer Beliebtheit.

Heutzutage kann man nahezu überall ein Glas Chardonnay bestellen. In den 1960er-Jahren hingegen war er außerhalb von Frankreich recht unbekannt. Könnt ihr euch das vorstellen? Heute gedeiht er ebenso gut in Australien, in den USA (insbesondere in Kalifornien (Carneros und im Süden von Central Coast, Oregon und Washington), in Argentinien und in Südafrika. In Deutschland wird er seit Ende des 20. Jahrhunderts gepflanzt, vor allem in Rheinhessen und der Pfalz. Chardonnay-Reben sind praktisch überall, weil die Traube – anders als andere weiße Trauben wie Riesling oder Sauvignon Blanc – so anpassungsfähig ist.

Burgund bekennt Farbe

Wir haben alle schon mal ratlos vor französischen Weinetiketten gesessen, denn im Allgemeinen sagen sie einem nicht, aus welchen Trauben der Wein bereitet wurde. Ist er jedoch aus dem Burgund, kann man auf die Rebsorte wetten, wenn man nur weiß, ob es Rot- oder Weißwein ist: Ist es Rotwein, ist die Sorte Pinot Noir (Spätburgunder), ist es Weißwein, Chardonnay. Diese beiden Rebsorten gedeihen hier und der Chardonnay aus dem Burgund ist einfach köstlich!

Im Burgund gibt es viele Teilgebiete. Beim Chardonnay muss man die folgenden kennen:

CHABLIS Eine phänomenale Weinbauregion in Frankreich ist Chablis. Es handelt sich hierbei um die nördlichste Region im Burgund unweit der Champagne. Hier reifen viele Chardonnays in Edelstahltanks statt in Eichenfässern und dadurch sind die Aromen reiner, mit knackiger Säure und Mineralität. Sie riechen typischerweise nach Feuerstein (der Geruch, den ihr nicht aus der Erinnerung identifizieren könnt, zumindest aller Wahrscheinlichkeit nach nicht!).

CÔTE-D'OR Aus dieser Region kommen die meisten der großen Weine des Burgunds. Sie gilt als die wahre Heimat des Chardonnays, manche sagen, sie sei seine spirituelle Wohnstatt. Côte-d'Or bedeutet wörtlich »Goldküste« und der Chardonnay von diesem Boden ist definitiv sein Gewicht in Gold wert. Die Côte-d'Or umfasst zwei Bezirke: die Côte de Nuits – zumeist für ihre Rotweine bekannt – und weiter im Süden die Côte de Beaune, die auch Rotweine hervorbringt, jedoch für ihre Weißweine besonders gerühmt wird. Die Winzer dieser Region haben derart unterschiedliche Techniken, dass ihre Weine ziemlich vielfältig sind; es ist nahezu unmöglich, diese Region mit einem bestimmten Stil zu labeln. Puligny-Montrachet, Chassagne-Montrachet und Meursault sind Dörfer in der Côte-d'Or, die für ihre Weißweine ganz besonders bekannt sind.

CHALONNAISE UND CÔTE MACONNAIS In diesen beiden Regionen werden sehr gute Chardonnays zu erheblich niedrigeren Preisen erzeugt. Diese Alltagsweine gelten zwar als graue Mäuse unter den weißen Burgundern, bewahren aber dennoch die Eigenschaften der Rebsorte. An einem warmen Tag gekühlt serviert sind sie etwas Herrliches.

Die vielen Aromen des Chardonnays

BUTTRIG Jetzt kommt ein wenig Weinwissenschaft, aber keine Sorge, sie ist leicht verdaulich. Der buttrige Geschmack vieler Chardonnays ist auf ein Weinbereitungsverfahren namens malolaktische Gärung zurückzuführen: knackige, herbe Apfelsäuren in den Trauben werden in weichere Säuren umgewandelt (denkt an grünen Apfel gegenüber der Säure in Milch). Dieser Prozess erzeugt eine Verbindung, die die Säure reduziert und den Wein runder und cremiger macht, was wir im Charakter als buttrig bezeichnen. Weine wie Riesling und Sauvignon Blanc werden eher keiner malolaktischen Gärung unterzogen, denn Säure ist eine Eigenschaft, die die Winzer in diesen speziellen Weißweinen erhalten wollen.

EICHIG Holz und Wein, das klingt nach einer schrägen Kombination, doch die Reife im Fass verleiht dem Chardonnay Aromen und tiefere Goldtöne, die diesen Wein einzigartig machen. So gut wie überall wird Chardonnay vergoren (dabei wird aus Traubensaft Alkohol) und reift dann in Eichenfässern, sogenannten Barriques (der Wein ruht und wird rund). Beim Spiel mit der Eiche bestimmt der Winzer wahrhaftig das Schicksal des dabei entstehenden Weins. Lässt man den Wein zu lange im Barrique, wird er nach, nun ja, Eiche schmecken und nicht nach Früchten. Wird alles richtig gemacht, verleiht die Eiche dem Wein einen volleren Körper und Aromen nach Vanille, Butter und gerösteten Nüssen, ohne die Frucht zu überdecken. In einigen großen Betrieben beschreiten die Kellermeister den einfachen Weg und bringen das Eichenaroma durch die Verwendung von Eichenholzspänen in den Wein. Der Eichengeschmack sollte nicht wie eine Ohrfeige daherkommen. Er sollte ein Teil des Weincharakters sein, nicht die bestimmende Eigenschaft, wie es oft der Fall ist.

Amerikanischer Chardonnay wird meistens im Barrique ausgebaut (ihr wisst schon, diese Weinfässer, an die sich nerdige Winzer für Coverfotos lehnen, ein Glas Wein in der Hand). Zu den beliebtesten Eichensorten für diese Fässer gehören ungarische, amerikanische und französische Eiche. Jede Eiche gibt dem Wein ihre eigenen Eigenschaften weiter. Amerikanische Eiche ist zum Beispiel für das Vanillearoma bekannt und ungarische Eiche kann dem fertigen Wein eine Gewürznote verleihen. Diese Eigenschaften können Geschmack und Mundgefühl von jedwedem Rebensaft komplett verändern.

Ihr hört vielleicht öfter, ein Wein sei in »neuer Eiche« gereift. Das bedeutet, der Wein hat stärkere Eicheneigenschaften, während Wein, der in benutzten Barrique lagerte, die feinen Merkmale des Holzes aufweist. Die besten Côte-d'Or-Erzeuger vergären den Saft im Fass, verwenden zumindest einen Anteil neue Eiche und streben die genau richtige Balance zwischen Holz und Wein an. Wie stark sich die Eiche mit dem Wein mischt, ist einzig und allein die Entscheidung des Winzers; im Allgemeinen wird man jedoch in kalifornischem Chardonnay mehr Eiche finden als in französischem.

Woher weiß man, ob ein Wein im Eichenfass ausgebaut wurde? Bei kalifornischem Chardonnay steht normalerweise direkt auf dem hinteren Etikett, ob er im Barrique war oder nicht. Dreht die Flasche also vor dem Kauf um und schaut einmal drüber. Ist auf dem Etikett nicht angegeben, ob er im Eichenfass oder im Stahltank gereift ist, fragt einfach einen Mitarbeiter des Weinladens. (Nur keine Scheu; wenn man im Lebensmittelladen etwas nicht findet, fragt man doch auch, oder?)

Weinsprache

GRAND CRU Ein Wein, den man für besser hält als Premier Cru. Im Burgund wird diese Bezeichnung den 34 Spitzenweingütern gegeben. Wörtlich bedeutet der Begriff »großes Gewächs« und heißt übersetzt »tieferer Griff ins Portemonnaie«. Am besten sind sie acht bis zehn Jahre nach der Abfüllung in die Flasche.

MÂCON-VILLAGES Ein beliebter Wein aus der Region Mâconnais im Burgund. Diese Weine werden fast immer ohne Eiche erzeugt und schmecken frisch und lecker für rund 15 Euro pro Flasche.

POUILLY-FUISSÉ Die berühmtesten Weine der Region Mâconnais im Burgund und die körperreichsten. Diese Weine werden aus Chardonnay-Trauben bereitet und normalerweise im Eichenfass ausgebaut, schmecken jung am besten und beginnen preislich bei etwa 20 Euro pro Flasche.

PREMIER CRU Wörtlich übersetzt bedeutet das »Erstes Gewächs«. Ohne zu technisch zu werden bezieht sich dies auf Burgunderweine, die besser eingestuft werden als Weine mit der Bezeichnung »Village« (wie Mâcon-Villages). Diese Schönheiten erstrahlen fünf Jahre nach der Flaschenabfüllung und können bis zu zehn Jahre im Keller verweilen.

Die Auswahl im März

In diesem Monat verkosten wir Chardonnay aus Kalifornien, Argentinien, Australien und zwei Orten in Frankreich. Ihr trinkt Chardonnays aus kälteren Gebieten neben jenen aus warmen Gegenden und werdet dadurch die Auswirkung des Klimas auf diese Traube erschmecken.

Kalifornien (€10 bis €25)

Farblich haben diese Chardonnays eine Bandbreite von Gelb- bis Goldtönen. Waren sie im Eichenfass, sind sie dunkler und haben eichige Vanille- und Butteraromen. Geschmacksrichtungen wie grüner Apfel, Zitrone und Orange sind typisch, ebenso wie die nussigen, buttrigen und würzigen Noten von der Reife im Barrique.

Argentinien (€10 bis €20)

Diese Chardonnays kommen den kalifornischen in Aussehen, Aroma und Geschmack nahe. Sie können auch Noten nach weißem Pfirsich und Honig mitbringen.

Australien (€6 bis €15)

Die australischen Chardonnays weisen mehr Aromen nach tropischen Früchten sowie Geschmacksrichtungen wie Ananas, Mango und Banane auf.

Côte Chalonnaise oder Mâconnais, Frankreich (€12 bis €25)

Hier ist das Klima etwas wärmer als an der Côte-d'Or, daher zeigen diese Chardonnays Merkmale reiferer Früchte wie weißer Pfirsich und Apfel neben Geißblatt und Zitrusschale. Von allen französischen Chardonnays dieses Monats werdet ihr etwas Terroir oder Erdigkeit bekommen.

Premier Cru von der Côte-d'Or, Frankreich (€20 bis €40)

Diese feinen Chardonnays sind sowohl in der Farbe als auch im Aroma und im Geschmack leichter als die aus den Gebieten der Neuen Welt. Weiße Burgunderweine zeigen klare Apfel- und Pfirsicharomen im Vordergrund, haben aber auch mineralische Eigenschaften wie Aromen nach nassem Gestein.

Pirat: Pinot Grigio (€5 bis €15)

Für diese Verkostung gesellt ihr einen Pinot Grigio – zu Deutsch: Grauburgunder – zu der Mischung dazu. Pinot Grigio ist ein sehr zugänglicher, leichter Weißwein. Er ist typischerweise heller in der Farbe, hat mehr Aromen von Zitrusfrüchten und ein viel kürzeres Finale als die verkosteten Chardonnays.

Die Verkostung

Diese Verkostung macht richtig Spaß, denn ihr habt zweifellos bereits eine Meinung zu diesem berühmten Wein. Wenn ihr die Weine parallel verkostet, könntet ihr euch aber gehörig wundern, welche Weißweine euch lieber sind. Der Schwerpunkt Chardonnay in diesem Monat mag aus euch treue Fans dieser hervorragenden Traube machen oder auch nicht, und es gibt nur einen Weg, das herauszufinden, also macht euch ans Werk!

ZEIT UND TEMPERATUR

Wie die meisten Weine aus der Neuen Welt will Chardonnay jung getrunken werden – im Gegensatz zu den Premier und Grand Crus aus dem Burgund. Bewahrt diese Weine also nicht zu lange auf.

Ganz egal, wann man einen Chardonnay öffnet, zu kalt sollte er nicht serviert werden. Im Barriquefass ausgebaute Chardonnays schmecken definitiv noch mehr nach Eiche, wenn sie zu stark gekühlt serviert werden. Nehmt die Flaschen mindestens 15 Minuten vor dem Einschenken aus dem Kühlschrank, dann seid ihr auf der sicheren Seite.

Chardonnay kann man je nach Stil des Weins das ganze Jahr über genießen. Da er jedoch einen hohen Alkoholgehalt und wenig Säure hat, verzichtet man an einem glühend heißen Tag lieber darauf. Generell gesagt passt ein stählerner Chardonnay aus Chablis am besten zu den wärmeren Monaten und volle, buttrige Chardonnays aus Kalifornien lassen sich den ganzen Winter über gut genießen.

DER VANILLEEFFEKT

Sehr häufig besitzt Chardonnay Vanillegeschmack und -aroma. Diese Komponente kommt von den Eichenfässern, in denen der Wein reifte. Wenn ihr Vanille schmeckt, könnt ihr sicher sein: Ihr trinkt gerade einen Chardonnay, der irgendwann mit Eiche zu tun hatte, bevor er in eurem Glas landete. Hier eine tolle Übung, mit der man herausfindet, ob man im Barrique ausgebauten Wein bevorzugt oder nicht. Gießt zwei Gläser halb voll mit einem Chardonnay, der nicht im Eichenfass war. Kratzt das Mark einer Vanilleschote in eines der Gläser (kann man gerade keine Vanilleschote auftreiben, geht auch ½ TL Vanilleextrakt). Riecht im direkten Vergleich an beiden Gläsern: Habt ihr lieber die Vanillearomen? Oder findet ihr, sie überdecken die fruchtige Nase? Verkostet nun beide parallel. Ergänzt die Vanille den Wein? Oder ist euch die reinere Version ohne Vanille lieber? Wer den Wein mit fruchtigerem Duft und reinerem Geschmack lieber mag, sollte sich beim Kauf an Weiß- oder Grauburgunder halten. Wer die Vanille köstlich findet, nimmt kalifornische Chardonnays.

FARBE Im Allgemeinen ist Chardonnay aus dem Burgund heller, mehr ins Strohfarbene gehend als kalifornischer. Australische Chardonnays neigen farblich zu einem dunkleren Gold. Ist die Farbe dunkler, so ist der Körper üppiger – zwei sichere Anzeichen, dass man keinen Chardonnay aus dem französischen Burgund im Glas hat. Gereifte Chardonnays können einen bräunlichen Ton haben, aber da wir in diesem Monat keinen Jahrgangs-Chardonnay verkosten, ist ein bräunliches Aussehen eines eurer Weine eher ein Anzeichen dafür, dass er nicht gut ist.

AROMA Die Weine aus dem Burgund zeigen zuerst die Charakteristiken der Rebsorte, mit Apfel und Pfirsich in der Nase, neben ihrem erdigen Charakter mit Aromen nach Mineralien und nassem Gestein. Der in Eiche ausgebaute kalifornische Chardonnay wird zuerst die Eichennote zeigen, ist aber auch sehr fruchtig mit Zitrus, grünem Apfel und Pfirsich. Kalifornischer Chardonnay ist für dieses buttrige Aroma bekannt. Es gibt jedoch einige kalifornische Chardonnays, die keine Eiche gesehen haben, ratet also nicht überstürzt, woher ein Wein kommt. Australischer Chardonnay riecht mehr nach tropischen Früchten wie Ananas, Banane und Mango.

GESCHMACK Chardonnay aus dem Burgund wird im Allgemeinen der feinste von allen Stilen sein. Kalifornischer Chardonnay schmeckt nach den Früchten, die man riecht – Zitrone, Orange und grüner Apfel – sowie nach besagter Vanille und Butter. Chardonnay aus Down Under wird reifere Fruchtaromen zeigen wie Ananas und Mango, die man riecht. In Eichenfässern ausgebauter Chardonnay kann buttrig, nussig und nach Gewürzen schmecken. Achtet beim Verkosten mal darauf, ob ihr den Unterschied herausschmecken könnt, den das Klima bewirkt: Schmeckt einer nach grünem Apfel (typisch für ein kühleres Klima) und ein anderer nach Ananas und tropischen Früchten (typisch für ein wärmeres Klima)?

KÖRPER Chardonnays aus dem Burgund sind leicht und erfrischend und im Stil knackiger und säurebetonter als die aus der Neuen Welt. Kalifornische Chardonnays sind die wuchtigsten und schwersten Weißweine, die wir verkosten werden.

FINALE Generell sind die Chardonnays der Neuen Welt in jeder Hinsicht größer. Folglich ist das Finale voller und länger als bei den französischen.

MÄRZ

Rezepte

Chardonnay

DAS PASST DAZU Es kann knifflig sein, Chardonnay mit Speisen zu kombinieren. Ist der Wein zu eichig, erdrückt er das Essen. Reiner und säurebetonter Chablis korrespondiert hervorragend mit schlicht zubereiteten Meeresfrüchten (insbesondere mit Austern). Werden die Meeresfrüchte jedoch in einer Buttersoße oder Beurre blanc serviert, wäre ein voller, buttriger Chardonnay die beste Gesellschaft. Für den Moment sind diese Häppchen spielerische Begleiter für beide Chardonnay-Stile. Schnappt euch ein paar Servietten und findet eure Favoriten.

Alle lieben Kartoffelrösti. Die amerikanische Version heißt Tater Tots. Reicht diese einfache scharfe Mayonnaise dazu und ihr landet snackmäßig einen Volltreffer.

Tater Tots mit scharfer Mayonnaise

FÜR 12–14 PORTIONEN

450 g TK-Tater Tots oder TK-Kroketten

20 g Parmesan, gerieben

120 g Mayonnaise

2 TL Sriracha (oder die bevorzugte scharfe Soße)

Die Tater Tots gemäß Packungsanweisung backen. Nach der Hälfte der Backzeit wenden und mit dem geriebenen Parmesan bestreuen. Für die zweite Hälfte der Backzeit wieder in den Ofen schieben.

In einer kleinen Schüssel Mayonnaise und Sriracha verrühren, bis beides gleichmäßig vermengt ist.

Die fertigen Tater Tots auf einem Teller oder einer Platte servieren und die scharfe Mayonnaise in einer kleinen Schüssel oder einem Schälchen zum Dippen dazu reichen.

ERGIBT 24 STÜCK

2 EL Olivenöl

350 g Mais, Körner vom Kolben geschnitten

1 Dose à 450 g Kichererbsen, abgegossen und abgespült

1 kleine rote Paprikaschote, fein gewürfelt (ca. 100 g)

2 Frühlingszwiebeln, dünn geschnitten

20 g frischer Koriander, gehackt

1 große Jalapeño, ohne Samen, fein gewürfelt

50 ml Limettensaft, frisch gepresst

3 EL Sour Cream

2 EL Mayonnaise

½ TL gemahlener Kreuzkümmel

½ TL Chipotle-Chilipulver

½ TL Paprika

100 g Cotija (mexikanischer Kuhmilchkäse), zerkrümelt (ersatzweise Feta)

grob gemahlenes Salz

24 Chicoréeblätter (ca. 3 Köpfe)

Dieser fröhliche, frische Appetizer ist eine Variante des traditionellen mexikanischen Streetfoods »Street Corn Salad«. Kichererbsen geben ihm mehr Biss und Substanz. Zum Chardonnay schmeckt er erstklassig.

Mexikanischer Streetfood-Salat mit Kichererbsen

Das Olivenöl in einer großen gusseisernen Grillpfanne auf hoher Stufe erhitzen. Sobald es heiß ist, Maiskörner hineingeben und 2–3 Minuten zum Bräunen anbraten.

In einer großen Schüssel Kichererbsen, Paprikaschote, Frühlingszwiebeln, Koriander, Jalapeño und Mais vermengen. Diese Maismischung kann man im Voraus zubereiten und im Kühlschrank bereithalten.

In einer kleinen Extraschüssel Limettensaft, Sour Cream, Mayonnaise, Kreuzkümmel, Chipotle-Chilipulver und Paprika gründlich vermischen. Zum Mais-Kichererbsen-Gemisch geben und vermengen, bis alles gleichmäßig überzogen ist. Cotija hinzugeben und umrühren. Kosten und falls nötig mit Salz abschmecken.

Großzügig auf die Chicoréeblätter verteilen und sofort servieren.

Warum steht eigentlich Räucherlachs immer im Rampenlicht? In meinem Buch ist Räucherforelle die Gewinnerin. Chardonnay aus neuen Eichenfässern hat oft ein Raucharoma und dieser Appetizer kann sich dagegen behaupten. Es werden mehr rote Zwiebeln eingelegt, als man benötigt, aber wenn der nächste Salat oder das nächste Sandwich etwas Pep brauchen, kommt es mehr als gelegen, dass gerade welche im Kühlschrank sind.

Räucherforellenpastete auf Baguette mit kurz eingelegten roten Zwiebeln

ERGIBT 24 STÜCK

Schnell eingelegte rote Zwiebeln

1 mittelgroße rote Zwiebel, sehr dünn geschnitten

120 ml Apfelessig

60 ml Wasser

1½ EL Honig

¼ TL schwarze Pfefferkörner

Für die eingelegten Zwiebeln: Zwiebel in ein Schraubdeckelglas (ca. 500 ml) mit fest sitzendem Deckel füllen (gut zusammendrücken).

Essig, 60 ml Wasser, Honig und Pfefferkörner in einem kleinen Topf auf mittlerer Stufe erhitzen, bis sich der Honig aufgelöst hat. Dieses heiße Gemisch langsam in das Glas mit den Zwiebeln gießen, bis sie vollständig bedeckt sind. Beiseitestellen. Sie sind nach einer Stunde verzehrbereit und können im Kühlschrank bis zu 1 Monat aufbewahrt werden.

Für die Forellenpastete: In einer Schüssel Forelle, Sour Cream, Mayonnaise, gehackten Dill, Zitronensaft und Meerrettich verrühren, bis alles gleichmäßig vermengt ist.

Forellenpastete

250 g geräucherte Forelle, ohne Haut, Fleisch aufgefächert

80 g Sour Cream

80 g Mayonnaise

10 g frischer Dill, gehackt

3 EL Zitronensaft, frisch gepresst

1 EL Meerrettich

Zum Anrichten

24 Baguettescheiben

3 Zweige Dill, abgezupft, zum Garnieren

Anrichten: Die Baguettescheiben auf einer Platte arrangieren und die Forellenpastete auf ihnen verteilen. Mit jeweils etwas eingelegten Zwiebeln und einem kleinen Zweig Dill belegen. Sofort servieren.

Häppchen mit Chorizo, Apfel und Cheddar

Drei einfache Zutaten ergeben ein schönes und schön leckeres Häppchen. Mit geschnittenem Cheddar sind sie noch schneller vorbereitet, man kann den Käse aber auch am Stück kaufen und selbst schneiden. Der Clou ist hier die luftgetrocknete Chorizo nach spanischer Art. Aufpassen, dass man keine weiche oder frische Chorizo nach mexikanischer Art kauft – es soll Hartwurst sein, wie Salami, die man in Scheiben schneiden kann.

ERGIBT 16–18 HÄPPCHEN

140 g kräftiger gelber Cheddar, in Scheiben

1 großer Granny-Smith-Apfel (oder 2 kleine), in ca. 32–36 dünnen Scheiben geschnitten

1 luftgetrocknete Chorizo-Hartwurst spanische Art, schräg in 16–18 ca. 3 mm dicke Scheiben geschnitten

Auf einem Teller oder einer Platte 16 bis 18 Cheddar-Quadrate anrichten. Je 2 dünne Apfelscheiben gefächert auf den Käse und je 1 Scheibe Chorizo auf die Apfelscheiben legen. Mit einem Zahnstocher zusammenhalten.

Wer noch nie extra natives Olivenöl auf Eiscreme probiert hat, mache sich auf eine Schlemmerei gefasst. Noch ein paar Meersalzflocken aufgestreut und es wird zu einer Dessert-Offenbarung. Die Sandwiches schmecken am besten mit frisch getoasteten Waffeln – abgekühlt, aber noch knusprig.

Miniwaffel-Eiscreme-Sandwiches

ERGIBT 12 EISCREME-SANDWICHES

480 g Vanilleeis, ganz leicht angetaut

24 Fertig-Miniwaffeln, getoastet und abgekühlt

Olivenöl nativ extra

Meersalzflocken

Auf die Hälfte der Waffeln mit einem Melonenschneider je 1 Kugel Eiscreme setzen. Eine zweite Waffel auflegen.

Mit Olivenöl beträufeln und mit Meersalz bestreuen. Sofort servieren.

Diese Sandwiches lassen sich im Voraus zubereiten und einfrieren – einfach direkt vor dem Servieren mit Öl beträufeln und mit Salz bestreuen.

APRIL

Merlot und andere Rotweine

Kapitel 4

APRIL

4

In diesem Monat hüpfen wir rund um den Globus, probieren ein paar mildere Rotweine wie Merlot und lernen etwas über manch schwereren Wein wie Barolo. Man könnte das ganze Leben damit verbringen, alle Rotweine kennenzulernen, die es so gibt, aber wir werden uns auf ein paar bekannte Tropfen konzentrieren und auch auf einige neue und fröhliche Rote unsere Gläser erheben.

Der April ist eine Übergangszeit mit kühlen Abenden, die nach einem Rotwein verlangen, oder mit warmen Sonnentagen, wie geschaffen für ein Glas Weißwein. Leichtere Rotweine einschließlich Merlot sind für diese Phase perfekt. Bei Kälte Appetit auf große Rotweine zu haben und bei brütender Hitze auf säurehaltige Weißweine, das ist normal. In diesem Monat wird es erst allmählich warm, deswegen begegnen euch hier gleich mehrere Rotweine, die beidem gerecht werden. Merlot ist nicht der einzige Rotwein, der zu dieser Jahreszeit passt. Dennoch beschäftigen wir uns mit ihm am meisten.

Merlot ist vielleicht der einzige Wein, der es allein aufgrund seiner Textur und seines Körpers so weit gebracht hat. Aus diesem Grund betrachten viele Wein-Snobs ihn als einfachen Wein, dem es an Komplexität und Charakter mangelt. Doch Merlot gewinnt kontinuierlich den Beliebtheitswettbewerb, weil er so zugänglich und quasi immer und überall erhältlich ist. Er mischt sich gut mit anderen Rebsorten wie Cabernet Sauvignon und Cabernet Franc und ist ein guter Begleiter zu vielen Speisen. Merlot ist zurückhaltender als Cabernet, doch das schmälert seine Qualitäten nicht. Die berühmte Weinautorität und Master of Wine Jancis Robinson beschreibt Merlot als »Cabernet ohne Schmerz«. Bei der Weinparty geht es ja per se um weniger Schmerz und mehr Vergnügen, legen wir also los.

Merlot ist die am häufigsten in der Region Bordeaux angebaute dunkle Rebsorte. Er ist ein fester Bestandteil der hervorragenden französischen Weine aus den Regionen Saint-Émilion und Pomerol. In beiden werden Weine auf Merlot-Basis erzeugt, getreu dem Bordeaux-Stil, allerdings nicht ausschließlich aus dieser Traube. So wie die Cabernets aus Bordeaux keine sortenreinen Cabernets sind, sind auch diese Merlot-basierten Weine verschnitten, meistens mit Cabernet Sauvignon. Merlot hat dünnere Beerenschalen als Cabernet. Das heißt, der Saft ist heller und hat nicht diese Säure, die einen trifft wie ein Schlag. Und er kommt auch nicht mit diesen herben Tanninen daher wie Cabernets.

Obwohl Cabernet bei Weingenießern häufig höher angesehen ist als Merlot, ist dies doch eine Traube, die sich im Weinberg und im Glas besser verhält. Im Weinberg wird diese Rebsorte früher reif als Cabernet und erlebt öfter eine erfolgreiche Wachstumssaison. Im Glas bringt er eine Geschmeidigkeit mit, die ein Cabernet nur durch Verschneiden oder Reifen erwerben kann. Merlotweine gedeihen so ziemlich überall auf der Welt, einschließlich Frankreich, Italien, Schweiz, Slowenien, Ungarn, Rumänien, Bulgarien, Russland, USA (hier insbesondere Kalifornien, Washington State und New York State), Argentinien, Chile, Australien, Neuseeland, Südafrika und dank des Klimawandels seit den 1990er-Jahren selbstverständlich auch in den deutschen Weinbauregionen. »Verbreitet erhältlich« heißt übersetzt »bezahlbar«, und attraktive Preise bedeuten wiederum, dass ihr viele Merlots probieren könnt, ohne am Ende mit leerem Portemonnaie dazustehen.

Eine bemerkenswerte Ausnahme ist der Château Pétrus, ein sehr berühmter Wein aus dem Bezirk Pomerol in der Region Bordeaux. Er besteht zu 95 Prozent aus Merlot und kostet bis zu 1.000 Euro pro Flasche im ersten Verkaufsjahr; bei älteren Jahrgängen können die Preise bei Auktionen auf bis zu 6.000 Euro steigen!

Die rechte Hand des Cabernets

Cabernet und Merlot ähneln einander in den Aromaprofilen sehr. Wo sie sich unterscheiden, das sind Intensität und Körper. Ihr erinnert euch, dass Cabernet ein großer Wein ist – großer Geschmack, hoher Alkoholgehalt, kräftige Tannine. Merlot? Ist nicht so groß. Ein hoher Alkoholgehalt bewirkt Viskosität und Viskosität nehmen wir als Körper wahr. Cabernets haben meistens einen höheren Alkoholgehalt als Merlot und sind folglich voluminösere Weine. Nochmals, wir reden hier über die Weinwelt, und natürlich gibt es Ausnahmen. Manche teureren Merlots aus Kalifornien und Washington State beispielsweise können genauso viel Alkohol enthalten wie Cabernets und sind dadurch am Gaumen erheblich größer.

Zwar gibt es Unterschiede zwischen Cabernet und Merlot, doch sie ähneln sich mehr, als die meisten zugeben möchten. In Frankreichs berühmten Bordeauxweinen kommt Cabernet mit großem Pomp daher, als Cuvée mit Merlot jedoch erhält man einen ausgewogenen, charaktervollen Wein. In Kalifornien kopieren Winzer diese Kunst des Verschneidens mit den Weinen im sogenannten Meritage-Stil (siehe »Weinsprache« auf Seite 95). Und die USA sind nicht der einzige Player, der diese Bordeaux-esken Cuvées erzeugt. Winzer auf der ganzen Welt mischen Cabernet, Merlot und andere traditionelle Bordeaux-Trauben für ihre Versionen von Weinen im Bordeaux-Stil.

Traditionell werden Weine in Deutschland eher rebsortenrein ausgebaut, d. h. aus einer einzigen Rebsorte. Doch auch hier finden sich immer mehr Winzer, die nach französischem Muster erfolgreich mit dem Verschneiden experimentieren.

Andere Rotweine, die ihr verkosten solltet

Wie gesagt, gibt es viel zu viele Rotweine auf der Welt für eine einzige Weinparty. Wir haben in diesem Jahr bis jetzt Cabernet und Syrah abgedeckt und jetzt machen wir uns mit dem geliebten Merlot vertraut. Doch lasst uns einmal rund um den Globus gehen und uns mit ein paar anderen Rotweinen beschäftigen, die Aufmerksamkeit verdienen.

Italien

LAMBRUSCO In Italien gibt es eine Fülle von angenehm trinkbaren, bezahlbaren Rotweinen. Lasst uns als Erstes mit einem Schlückchen Lambrusco in Stimmung kommen, dem idealen Auftakt-Wein zum Sommer. Lambrusco ist ein hübscher roter Schaumwein mitten aus der norditalienischen Region Emilia-Romagna. Dieser fröhliche Wein geht farblich von rosé bis rot und geschmacklich von süß bis trocken. Er ist typischerweise leicht und wird gekühlt oder auf Eis serviert. Sucht in diesem Monat einen Lambrusco aus der Region Reggiano aus (ja, das klingt bekannt, denn dort kommt auch der berühmte Käse Parmigiano Reggiano her). Achtet beim Etikett auf folgende Begriffe:

- Secco: trocken
- Semi-secco: halbtrocken, normalerweise als Frizzante (siehe »Weinsprache« auf Seite 95)
- Amabile: lieblich
- Dolce: purer Zucker

BAROLO Dieser große Rotwein kommt aus der nordwest-italienischen Region Piemont und wird zu 100 Prozent aus Nebbiolo-Trauben gekeltert. Tannine, Säure, Alkohol und Geschmack – im Glas ist alles groß. Oft wird er als König Barolo bezeichnet und hat häufig Aromen von Teer und getrockneten Früchten. Und: Dieser ganze Hype geht mit einem gepfefferten Preis einher.

CHIANTI Der Chianti wird zu mindestens 75 Prozent aus der beliebtesten roten Traube der Toskana bereitet: Sangiovese. Im Allgemeinen hat dieser Wein einen mittleren Körper mit milden Tanninen, Fruchtnoten nach Kirsche, Erdbeere und erdigen Gewürznoten. Ein sehr trockener Rotwein mit typischer Säure und typischen Tanninen. Herbe Speisen gleichen diese Säure der Tannine aus, deswegen wird er euch zu den meisten Speisen schmecken, vor allem zu italienischem Essen. Achtet beim Kauf auf die Worte Chianti Classico. Sie bedeuten, dass der Wein aus dem Herzen von Italiens Chianti-Region kommt. Chianti Classico Riserva weist darauf hin, dass der Wein länger in Eichenfässern gereift ist; dadurch ist er tanninreicher und hat mehr Struktur sowie Rauch- und Gewürzaromen. Mit am besten an diesem Wein: Leckere Chianti-Weine gibt es für ca. 8 Euro pro Flasche.

BRUNELLO DI MONTALCINO Dieser kurz »Brunello« genannte große Rotwein kommt aus der Toskana und ähnelt dem Barolo in der Stärke. Beides sind schwere Weine, also kein leichter, unbeschwerter Genuss. Zu den Aromen, die ihr beim Schwenken wahrnehmen könntet, zählen Cranberrys, Kaffee, Lakritz oder Anis und erdige Noten. Mit seiner großartigen Säure und Struktur ist dies ein besonderer Rotwein, den zu verkosten sich lohnt.

BARBERA D'ASTI ODER BARBERA D'ALBA Diese Traube aus dem Piemont ergibt einen süffigen, strahlenden, leichten Rotwein – perfekt für den Frühling. Er schmeckt fruchtig mit Aromen von Erdbeere, Himbeere, Kirsche und Brombeere. (Denkt an einen heiteren Wein, der in Stil und Tiefe dem französischen Beaujolais ähnelt.) Ob die Trauben in Asti oder in Alba gewachsen sind, kann man auf dem Etikett lesen.

NERO D'AVOLA Dieser sizilianische Wein hat einen vollen Körper und schmeckt nach dunklen Früchten und Nüssen. Wenn ihr Zinfandel schätzt, dann greift in diesem Monat stattdessen zu einem Nero d'Avola.

Spanien

RIOJA Dieser klassische spanische Wein wird meistens aus Tempranillo-Trauben erzeugt. Weine im oberen Preissegment können voll, üppig und samtig schmecken – ein bisschen wie Bordeaux –, doch auch preiswertere Riojas haben ihren Charme. Wie Spätburgunder und Chianti sind diese leichteren Riojas mit ihren fröhlichen Beerennoten herrliche Frühlings- und Sommerrotweine. Ihr werdet bemerken, dass es für Rioja vier Klassifizierungen gibt:

- Rioja: der Standardwein.
- Crianza: normalerweise in gebrauchten Eichenfässern gereift. Dies ist der leichteste, fruchtigste, am wenigsten eichige und preiswerteste Stil; denkt an einen guten roten Hauswein.
- Reserva: Diese Weine müssen mindestens drei Jahre reifen, davon eines im Eichenfass. Sie sind daher schwerer und etwas teurer.
- Gran Reserva: An der Spitze steht der Gran Reserva. Er verbringt mindestens zwei Jahre im Eichenfass und drei weitere in der Flasche, bevor man ihn zu trinken bekommt. Mit so viel Eiche sind dies die schwersten, eichigsten und teuersten Riojas; sie werden nur aus den besten Trauben in den besten Jahren bereitet.

CARMÉNÈRE In den letzten Jahren entdeckte man, dass spanische Weine, die man für Merlot gehalten hatte, in Wahrheit Carménères waren. Diese Traube war einmal in Bordeaux sehr verbreitet, wird aber nicht mehr für diese Cuvées verwendet. Wer Merlot trinkt, wird Carménère ausgesprochen gern mögen: Er ist dunkel, üppig und geschmeidig mit angenehmen Pflaumenaromen. Auch aus Chile kommt Carménère, das werdet ihr womöglich beim Einkaufen feststellen.

Deutschland

DORNFELDER Die fruchtigen Dornfelder-Weine auf der Pfalz oder Rheinhessen zeichnen sich durch eine besonders intensive Farbe und Aromatik aus sowie durch die gute Verträglichkeit aufgrund ihrer milden Säure. Die Züchtung aus dem Jahr 1955 ist sehr gut für Cuvées geeignet, wird aber auch sortenrein, trocken und halbtrocken oder als Roséwein angeboten.

LEMBERGER Wer intensivere, etwas schwere und schwarzrote Weine bevorzugt, ist mit dem Lemberger gut beraten, den man in Österreich Blaufränkisch nennt. Er wird in Deutschland fast ausschließlich in Württemberg angepflanzt, und bestícht durch Aromen wie Brombeere, Pflaume oder Holunder mit pfeffrig-kräutrigen Noten.

Argentinien

MALBEC Der bemerkenswerteste Rotwein aus diesem Land kommt aus der Region Mendoza. Malbec aus Mendoza ist tanninreich und eichig, sehr saftig, hat eine dunkle Farbe und eine leichte Gewürznote. Er ähnelt Cabernet Sauvignon, ist aber normalerweise nicht so teuer. Erwartet dunkle Früchte wie Pflaume, Brombeere und Kirsche neben Tabak und Leder. Eine Alternative zu den typischen Cabernets, die Spaß macht.

Griechenland

XINOMAVRO Die Rebsorte Xinomavro (Ksi-NO-mav-roh) ist zwar nicht übermäßig populär, trotzdem macht es einen Riesenspaß, sie zu verkosten. Diese Weine aus Makedonien sind intensiv und rosinig und können einen leicht medizinischen Beigeschmack haben. Mit ihren großen Tanninen und großen Säuren stehen sie stilistisch neben Barolo.

Weinsprache

DUNKLE TRAUBEN Trauben, aus denen Rotweine bereitet werden. Merlot, Cabernet Sauvignon, Syrah, Malbec und Tempranillo sind nur einige der zahlreichen dunklen Trauben.

ERDIG Beschreibt Weine mit Aromen und Geschmacksrichtungen, die an nasses Gestein, Mineralien oder Pilze erinnern.

FRIZZANTE Dies ist ein italienischer Schaumweinstil.

MERITAGE Weine, die in den USA im Stil der großen Bordeauxweine erzeugt werden. Die typische Mischung für Rotweine umfasst häufig Cabernet Sauvignon, Merlot und Cabernet Franc, doch auch Petit Verdot und Malbec können dazugehören. Es gibt auch einen weißen Meritage.

SPUMANTE Dieser Begriff wird für italienische Weine verwendet, die stärker schäumen als Frizzante.

OXIDIERTER WEIN

Im März haben wir darüber gesprochen, dass Wein unangenehm schmecken kann, wenn er Kork hat, zu heiß wurde oder überschwefelt ist. Oxidierter Wein war zu viel Sauerstoff ausgesetzt. Das ist ein Unterschied zu der Belüftung, die wir anstreben, wenn wir einen Wein im Glas schwenken. Wein kann dem Sauerstoff bei der Weinbereitung übermäßig ausgesetzt sein, es kann auch durch einen fehlerhaften Korken geschehen oder wenn der Wein zu lange geöffnet ist, was in Restaurants mit offenen Weinen häufig vorkommt.

Bei Weißweinen könnte man die Oxidation schon bemerken, bevor man überhaupt einen Schluck trinkt. Oxidierter Wein wird bernsteinfarben und schließlich bräunlich, so wie ein aufgeschnittener Apfel beim Kontakt mit Sauerstoff braun wird. Rotweine lassen es weniger an der Farbe erkennen, aber ein Schluck und man weiß Bescheid – oxidierter Wein ist leblos. Man wird kein angenehmes Fruchtaroma und keinen schönen vollen Körper schmecken, der Wein ist flach und nicht fruchtig. In extremen Fällen schmeckt er wie Essig.

Wenn ihr es am eigenen Leib erfahren möchtet, öffnet eine Woche bis zehn Tage vor der Weinprobe eine Flasche Merlot. Gießt ein Glas ein, das ihr sofort genießen dürft, und verschließt die Flasche, indem ihr den Korken vorsichtig wieder in den Flaschenhals drückt. Nicht mit einem Vacu Vin Weinretter oder einem anderen Vakuumverschluss nachhelfen! Lasst die Flasche bis zur Verkostung auf der Anrichte stehen. Am fraglichen Tag verhüllt ihr sie mit Alufolie und stellt sie zu der Versammlung der anderen, frisch geöffneten Weine. Verkostet sie gemeinsam mit den anderen Weinen und ihr werdet nie mehr vergessen, wie oxidierter Wein riecht und schmeckt.

Die Auswahl im April

Merlot, Alte Welt (€30 bis €60)

Nehmt einen aus Frankreich, entweder Pomerol oder Saint-Émilion. Vielleicht findet ihr welche zwischen 20 und 30 Euro pro Flasche, die meisten werden aber zwischen 40 und 60 Euro kosten.

Merlot, Neue Welt (€10 bis €15)

Probiert einen Merlot aus Kalifornien oder Washington State. Das ist wahrscheinlich der größte Rotwein in dieser Verkostung.

Lambrusco (€8 bis €15)

Der berühmte und gut erhältliche Riunite ist lieblich. Schaut euch um und sucht für die Verkostung eine Version dieses Schaumweins, die secco ist, oder trocken. Nicht vergessen: Vor dem Servieren kühlen.

Barbera d'Asti (€10 bis €20)

Für diesen Wein geht ihr in die italienische Abteilung eines Weinladens. Ein Barbera d'Alba ist für diese Verkostung auch in Ordnung.

Malbec (€10 bis €20)

Ihr könntet sogar welche für unter 10 Euro finden. Falls ja, greift zu!

Rioja (€10 bis €20)

Nehmt einen Crianza, den leichtesten der Riojas.

Die Verkostung

Zeit für euer Abenteuer Rotwein-Verkostung. Die meisten Rotweine aus diesem Monat sind süffige, leichtere Weine. Zu Lernzwecken enthält unsere Auswahl zwei Merlots, einen aus der Alten und einen aus der Neuen Welt, sodass ihr sie nebeneinander probieren und sehen könnt, welchen Unterschied der Standort in einer Rebsorte bewirken kann. Außerdem probiert ihr Wein aus Italien, Argentinien und Spanien. Wie gesagt, gibt es zig andere Rotweine, wenn euch also beim Einkauf ein anderer Wein ins Auge fällt – ein Dornfelder, Spätburgunder oder Lemberger vielleicht? –, dann umwickelt ihn unbedingt mit Alufolie und fügt ihn in die Auswahl dieses Monats ein. Es ist schließlich eure Weinparty, ihr könnt sie so gestalten, wie es euch gefällt. Und jetzt Gläser und ein paar gute Freunde zusammengetrommelt und schon kann es losgehen.

ZEIT UND TEMPERATUR

Wir halten uns in diesem Monat an die Vorgaben für Merlot, was Tipps für Zeit und Verkostung angeht. All diese Rotweine sind jung zu genießen, das heißt, man braucht sie nicht im Keller für später aufzubewahren. Wenn sie im Weingeschäft im Regal stehen, sind sie auch sogleich trinkbereit.

Haltet diese Rotweine etwas kühler als die normale Zimmertemperatur zu Hause. Findet die Weinparty in diesem Monat im Freien statt, könnt ihr die Flaschen vor dem Servieren 30 Minuten lang in den Kühlschrank legen. Anders als die anderen Rotweine aus diesem Kapitel sollte der Lambrusco jedoch gut gekühlt sein. Wenn ihr mögt, könnt ihr ihn sogar auf Eis kredenzen.

FARBE Der Wein dieses Monats geht von helleren Rubintönen bis zu tiefem Blutrot. Derjenige, der schimmert oder sprudelt, ist mit Sicherheit der Lambrusco. Aber könnt ihr den Malbec mit seiner üblichen violetten Farbe finden? Achtet darauf, ob das Licht durch den Wein im Glas hindurchscheint oder ob er opak ist. Je dunkler der Wein, desto kräftiger sind Geschmack und Aromen. Behaltet auch folgenden Hinweis im Hinterkopf: Rotwein wird mit dem Altern heller, Weißwein dunkler.

AROMA Was zeigt sich bei eurem Wein zuerst, Fruchtnoten oder erdige mineralische Noten? Weine aus der Neuen Welt sind typischerweise fruchtbetont. Bei Rotweinen riecht ihr alles Mögliche von saftigen Beeren wie Erdbeeren, Blaubeeren, Himbeeren und Brombeeren bis zu Pflaumen-, Marmeladen- und Kirschnoten und darüber hinaus Wassermelone, Veilchen, Rosen, Erde, Eisen und mineralische Aromen. Reifere Früchte sind ein Anzeichen für den europäischen Stil. Riecht ihr im ersten Moment ausschließlich Alkohol, wartet einen Moment, schwenkt den Wein ein paarmal und versucht es dann erneut. Rotweine haben einen höheren Alkoholgehalt als Weißweine, es kann also früher zu Geruchsermüdung kommen. Und die meisten dieser Weine sind jung, daher müsst ihr eventuell mehrmals schnuppern und schwenken, bevor ihr etwas findet. Ansonsten ist noch mit dem Geruch nach Eiche, Kakao oder Milchschokolade, süßem Tabak, Vanille und süßen Gewürzen wie Nelke und Zimt zu rechnen.

GESCHMACK Diese Gruppe ist zusammengestellt worden, um die sanftere Seite von Rotwein zu präsentieren, die aber dennoch großartige Fruchtnoten (wie ihr sie laut der Aromaliste aus dem vorigen Absatz riechen werdet) und großartiges Terroir besitzt. Reife im Eichenfass kann sich beim Genuss als Vanille oder Gewürz zeigen, wie schon gesagt allerdings sehr fein.

KÖRPER Merlot ist für seinen weichen, geschmeidigen, mittleren Körper bekannt. Französischer Merlot hat in der Regel weniger Alkohol als ein kalifornischer. Daher wird der Merlot aus den USA größer sein. Die anderen Merlots aus dieser Auswahl werden leicht bis mittelschwer sein.

FINALE All diese Weine werden ein kürzeres Finale haben als die Cabernets oder Syrahs, die ihr in diesem Jahr getrunken habt. Achtet auf die weicheren Tannine und darauf, wie sie im Mund nicht dominieren. Wartet ab, ob ihr ihn mögt und noch einen Schluck wünscht.

APRIL

Rezepte

Merlot und andere Rotweine

DAS PASST DAZU Bei Rotweinen gibt es die Bandbreite von großen fruchtbetonten bis hin zu weicheren, sensibleren Weinen, und sie passen zu Speisen aller Art, von gegrilltem rotem Fleisch bis zu salzigem Käse. In diesem Monat ist alles da, kommt also unbedingt hungrig!

Blauschimmelkäse zu Rotwein zählt zu den besten Happy-Hour-Kombinationen. Dazu zartes Roastbeef, ein Hauch Meerrettich-Mayonnaise und eine süße, saftige Weintraube – und fertig ist das perfekte Amuse-Gueule. Falls ihr nicht genug Zeit habt, um diese drei Zutaten auf Zahnstocher zu spießen, könnt ihr sie einfach auf einem Teller oder einer Platte reichen und ein Schälchen Meerrettich-Mayonnaise sowie Zahnstocher zum Aufpieksen dazustellen.

Spießchen mit Blauschimmelkäse, Roast Beef und Trauben

ERGIBT 24 SPIESSCHEN

Meerrettich-Mayonnaise

120 g Mayonnaise

2 EL Meerrettich (Fertigprodukt)

1 TL Zitronensaft, frisch gepresst

½ TL Knoblauchpulver

Spieße

120 g Roastbeef, rare gebraten, dünne Scheiben, geviertelt

Blauschimmelkäse, gewürfelt

24 grüne oder rote Trauben, je ein Ende abgeschnitten, damit eine Seite flach ist

Für die Meerrettich-Mayonnaise: Mayonnaise, Meerrettich, Zitronensaft und Knoblauchpulver in eine kleine Schüssel geben und miteinander vermengen. Beiseitestellen.

Aufspießen: Einen Klecks Meerrettich-Mayo mitten auf ein Stück Roastbeef geben, das Fleisch aufrollen und auf einen Spieß oder einen Zahnstocher spießen, dann einen Würfel Blauschimmelkäse und schließlich eine Traube, mit der flachen Seite nach unten, sodass das Spießchen auf einem Teller oder einer Servierplatte aufrecht steht. Mit den restlichen Spießen wiederholen.

Einen perfekten Appetizer kann man direkt in den Mund stecken, während man zugleich in der anderen Hand ein Weinglas hält. Diese frittierten Oliven sind exakt so etwas. Wer hätte gedacht, dass eine Olive so lecker schmecken könnte? Diese Oliven sind mit Mozzarella gefüllt, man kann aber auch Provolone nehmen.

Frittierte grüne Oliven

ERGIBT CA. 40 OLIVEN

950 ml Rapsöl

2 Eier, mit 2 TL Wasser verquirlt

150 g Paniermehl, mit italienischen Kräutern gewürzt

60 g Mozzarella, in 2,5 x 6 mm große Stücke geschnitten

1 Glas à 250 g große grüne Oliven, ohne Stein

Das Öl in einer Fritteuse oder einem Topf mit schwerem Boden auf 190 °C erhitzen (Frittierthermometer). Ei-Gemisch in eine flache Schale geben und Paniermehl auf einem flachen Teller verteilen.

Alle Oliven mit je 1 Stück Käse füllen; es muss fest sitzen. Die Olive ins Ei-Gemisch tauchen und im Paniermehl wälzen. In Partien zu je 10 Oliven arbeiten.

Die Oliven vorsichtig mit einem Schöpflöffel ins heiße Öl geben. 30 bis 45 Sekunden frittieren, bis sie goldbraun sind. Herausnehmen und zum Abtropfen auf einen mit Küchenpapier ausgelegten Teller legen.

Der Versuchung widerstehen und keine Olive in den Mund stecken, solange sie nicht mindestens 5 Minuten lang abgekühlt sind. Das Öl zwischen den einzelnen Partien wieder heiß werden lassen (sofern man nicht eine Fritteuse besitzt, die die Temperatur konstant halten kann). Vor dem Servieren mindestens 10 Minuten abkühlen lassen. Am besten schmecken sie warm, doch zimmerwarm ist auch in Ordnung. Nach dem Frittieren nicht in den Kühlschrank stellen.

Dieses üppige, umami Häppchen mit seinem Belag aus weichem, geschmolzenem Gruyère, ist von dem Gericht inspiriert, das ich am Culinary Institute of America als Allererstes zubereitet habe: französische Zwiebelsuppe. Man kann und sollte im Voraus die Zwiebeln karamellisieren und die Crostini rösten, damit am Abend der Weinparty alles supereinfach fertiggestellt werden kann. Einfach die gerösteten Baguettes in einem luftdichten Behältnis aufbewahren und die karamellisierten Zwiebeln aufwärmen, bevor alles angerichtet wird.

Französische Zwiebel-Crostini

ERGIBT 12 CROSTINI

50 g ungesalzene Butter
2 große Zwiebeln, in Ringe geschnitten (640 g)
60 ml Rotwein
120 ml Hühnerbrühe
½ TL grob gemahlenes Salz
schwarzer Pfeffer aus der Mühle
12 Baguettescheiben
1 Knoblauchzehe, halbiert
60 g Gruyère, gerieben
3 EL frischer Schnittlauch, fein gehackt

Den Ofen auf 220 °C Ober-/Unterhitze (Umluft: 200 °C) vorheizen. Ein Backblech mit Backpapier auslegen.

In einer großen gusseisernen Pfanne oder einem Topf mit schwerem Boden 2 EL der Butter auf hoher Stufe schmelzen. Sobald sie schäumt, die geschnittenen Zwiebeln hineingeben und mit der Butter überziehen. Die Hitze auf mittlere Stufe verringern. Unter gelegentlichem Umrühren so lange braten, bis die Zwiebeln eine tief goldbraune Farbe haben und weich sind, ca. 20–25 Minuten. Aufpassen, dass sie nicht anbrennen. Rotwein zugießen und mit einem Holzlöffel abkratzen, was am Pfannenboden angesetzt hat. 2 Minuten kochen. Hühnerbrühe zugießen und weitere 3–5 Minuten kochen, bis die Flüssigkeit verdampft ist. Vom Herd nehmen und mit ¼ TL des Salzes und schwarzem Pfeffer aus der Mühle würzen.

Die restlichen 2 EL Butter in einer kleinen, mikrowellengeeigneten Tasse oder Schale in der Mikrowelle schmelzen. Baguettescheiben nebeneinander auf das vorbereitete Backblech legen und mit der geschmolzenen Butter bestreichen. Restliches Salz (¼ TL) aufstreuen. 8–10 Minuten backen, bis sie goldbraun und geröstet sind. Aus dem Ofen nehmen und 5 Minuten abkühlen lassen (den Ofen nicht ausschalten). Die Crostini mit den Knoblauchzehenhälften einreiben (bei Vorbereitung im Voraus können die Crostini bis zum Servieren in einem luftdichten Behälter aufbewahrt werden). Zwiebelgemisch falls nötig wieder erhitzen und auf alle Crostini je 1 EL geben. Großzügig mit Gruyère bestreuen. 3–4 Minuten überbacken oder bis der Käse geschmolzen und goldbraun ist und Blasen wirft. Aus dem Ofen nehmen und mit Schnittlauch bestreuen.

Sobald ihr diese Nüsse kostet, versteht ihr, warum sie Suchtpotenzial haben. Ich verspreche euch, sie werden euch so gut schmecken, dass ihr sie ins reguläre Repertoire für Weinabende aufnehmt, egal ob Rot- oder andere Weine.

Scharf-süße Nüsse mit Suchtpotenzial

FÜR 12-14 PORTIONEN

- 60 g dunkelbrauner Zucker
- 130 g weißer Kristallzucker
- 1½ TL grobes reines Meersalz
- 1 TL gemahlener Zimt
- 1 TL frischer Rosmarin, grob gehackt
- ¼ TL Cayennepfeffer
- 1 Eiweiß
- 450 g Walnüsse, halbe Pekannüsse oder Mandeln (oder eine Kombination daraus)
- 60 g Pinienkerne

Den Ofen auf 220 °C Ober-/Unterhitze (Umluft: 200 °C) vorheizen. Ein Backblech mit Backpapier auslegen.

In einer kleinen Schüssel den gesamten Zucker, Salz, Zimt, Rosmarin und Cayennepfeffer miteinander vermischen.

In einer Extraschüssel, groß genug für alle Nüsse, das Eiweiß und 2 TL Wasser mit einer Gabel schaumig schlagen.

Die Nüsse ins Eiweiß geben und umrühren, bis sie gleichmäßig damit überzogen sind. Die Zuckermischung darüberstreuen und ebenfalls vermengen, bis sie gleichmäßig damit überzogen sind.

Die gezuckerten Nüsse in einer einzigen Schicht auf dem vorbereiteten Backblech verteilen und unter gelegentlichem Umrühren 20–25 Minuten backen, bis sie braun und durchgeröstet sind. Aus dem Ofen nehmen und die Nüsse voneinander lösen, während sie abkühlen. Zimmerwarm servieren.

Die amerikanische Queen der Fernsehköchinnen, Julia Child, schuf einen perfekten Clafoutis, einen süßen Auflauf, den die meisten Köche – ich auch – als Standardrezept nutzen. Hier habe ich ihn in Einzelförmchen gebacken, Mandelextrakt hinzugegeben und Kirschen verwendet, denn Kirschen korrespondieren mit unseren Rotweinen.

Kirsch-Mandel-Clafoutis in einzelnen Förmchen

ERGIBT 12 EINZELNE CLAFOUTIS

- 300 ml Vollmilch
- 3 Eier
- 60 g Kristallzucker
- 2 TL Mandelextrakt
- ¼ TL Salz
- 90 g Allzweckmehl
- 280 g gefrorene Süßkirschen, ohne Kern
- Puderzucker zum Servieren

Den Ofen auf 180 °C Ober-/Unterhitze (Umluft: 160 °C) vorheizen. Ein 12er-Muffinbackblech mit Backspray aussprühen.

Milch, Eier, Zucker, Mandelextrakt und Salz in einer Schüssel zu einer glatten, schaumigen Masse verquirlen. Mehl zugeben und verquirlen, bis sich alles gleichmäßig vermischt hat.

In jede Muffinform 2 EL der Mischung geben. Die Kirschen gleichmäßig auf die Formen verteilen und mit der restlichen Teigmischung bedecken. Alle Formen werden bis oben gefüllt sein.

30–35 Minuten backen, bis die Clafoutis fest geworden sind und ein hineingestochenes Holzstäbchen sauber herauskommt.

10 Minuten abkühlen lassen, dann die Clafoutis aus der Muffinform auf ein Kuchengitter befördern. Warm servieren oder in einem luftdichten Behälter bis zum Servieren aufbewahren. Clafoutis vor dem Servieren auf ein Blech stellen und Puderzucker darüber sieben.

MAI

Viognier und und andere Weißweine

Kapitel 5

MAI

5

In diesem Monat schwenken wir um, wir konzentrieren uns nicht auf eine einzige Rebsorte, sondern nehmen eine ganze Reihe von Weißweinen in die Auswahl für die Verkostung. Wenn ihr genug davon habt, den Hauswein zu bestellen, oder euch der immer gleiche Chardonnay Freitag für Freitag nicht mehr reizt, ist diese Weinprobe genau das Richtige. Anders als die Bezeichnung vermuten lässt, sind Weißwein-Trauben nicht weiß: Sie sind grünlich, vielleicht dunkelgelb und können auch rosa sein und alle bringen unterschiedliche Geschmäcker ins Glas. Es gibt Hunderte von Weißweinen und man könnte Jahre mit dem Verkosten verbringen. Stellt euch also in diesem Monat auf eine Reise um den Globus ein, auf der ihr weniger bekannte Weißweine aus Frankreich und Italien probiert und auch Abstecher nach Portugal und Griechenland zu den dortigen Weinen macht. Manche sind euch eventuell schon vertraut, zum Beispiel Pinot Grigio/Grauburgunder, und andere könnten euch ganz und gar neu sein. So oder so, nach der Weinparty vom Mai wisst ihr, wo euer Lieblingsweißwein zu finden ist.

Über Weißwein

In diesem Monat werden wir nicht wenig Zeit mit einer kleinen weißen Rebsorte namens Viognier (Vi-o-NJEH) verbringen. Nebeneinander betrachtet könnten Viognier und Chardonnay Geschwister sein. Sie teilen auch die Eigenschaften eines niedrigen Säure- und hohen Alkoholgehalts, doch damit enden die Ähnlichkeiten. Einmal eine Nase voll genommen und es ist unbestreitbar: Viognier hat viel mehr Sex-Appeal als Chardonnay. Der Wein ist berühmt für seine floralen Aromen. Auch Frucht ist da, Freude macht an diesem Wein jedoch, Bouquets von Gardenien, Geißblatt und Orangenblüten im Glas zu entdecken.

Wie Chardonnay kommt auch der Viognier sowohl aus der Alten Welt – aus dem nördlichen Rhônetal in Frankreich, um genau zu sein – als auch aus der Neuen. Auffälligster Unterschied sind die volleren Fruchtnoten und die direkteren floralen Noten der Neuen Welt gegenüber den zurückhaltenderen, nuancierteren Weinen aus Europa. Der florale Viognier aus beiden Gebieten ergibt einen fantastischen Aperitif (Getränk vor dem Essen), ist super als im Freien mit Freunden genossener Spritzer und perfekt beim Picknick im Park mit dem oder der Liebsten.

George Vernay, der berühmte französische Winzer aus Condrieu (Herkunftsort von Weltklasse-Viognierweinen), war von dieser nicht unkomplizierten Traube überzeugt. Die Reben aus Condrieu werden zu den ältesten (wenn es nicht sogar die ältesten sind) in Frankreich gezählt. Sie gedeihen auf steilen, felsigen Terrassen. Anbau und Ernte dieser Trauben sind die wahre Definition von Knochenarbeit, und Vernay war dazu bereit. Aus den Ergebnissen entsteht herrlicher, muskierter Viognier mit Noten von Aprikose, Pfirsich und exotischen Früchten.

Das andere, sehr berühmte Weißwein-Anbaugebiet der Rhône ist Château-Grillet, ebenfalls wegen dieser Rebsorte. Während man die meisten Viognier-Weine jung trinken sollte, sagen Winzer und Weinexperten gleichermaßen, dass man Château-Grillet-Weine bis zu 20 Jahre lagern kann.

Im Februar haben wir erwähnt, dass diese weiße Traube mit Syrah zum Rotwein Côte-Rôtie verschnitten wird. Es ist sehr speziell, dass die Franzosen die Vermischung einer weißen Rebsorte mit einer so hochgeschätzten Traube wie Syrah zulassen. Doch im Côte-Rôtie macht die Zugabe von Viognier den Syrah auf milde Weise weicher und verleiht seinen Aromen Tiefe. Dies nur, um zu zeigen, dass dieser Weißwein eure Aufmerksamkeit wert ist.

Holz im Weißwein

Alle Weißweine, auch der Viognier, werden hauptsächlich in Tanks oder Fässern aus Edelstahl, Kunststoff, Glas, Beton oder Eiche vergoren und/oder gelagert. Warum ist uns das wichtig? Nun, dieser Teil der Vinifizierung bewirkt große Unterschiede bei dem, was wir schlussendlich trinken. Eiche ist der große Akteur unter diesen Optionen, denn sie bringt Farbe, Textur, Aromen und Geschmäcker ins Glas.

Neue Eiche, also ein frisch angefertigtes und innen abgeflämmtes Barriquefass, verleiht die kräftigsten Aromen, Geschmäcker und Texturen. Sie gibt einem klaren Wein sattere Stroh- und sogar Goldtöne und zeigt sich als Vanille, Karamell, Kokos, Toast oder warme Backgewürze wie Zimt und Nelke, wenn man am Wein riecht, ihn schwenkt und trinkt. Neue Fässer geben zudem Tannine und Struktur. Durch wiederholte Nutzung werden die Fässer neutraler und verleihen dem Wein weichere Noten.

Amerikanische Eiche ist kräftiger und für diese Butter- und Vanillearomen bekannt, während französische Eiche dem Wein nussige und rauchige Elemente beschert. Beide Fässerarten atmen, und die Luft hilft, einen Weißwein abzurunden oder ihm Gewicht zu geben, schafft ein cremiges Mundgefühl und einen volleren Körper, als es bei Weinen der Fall ist, die in Edelstahltanks reiften. Edelstahltanks sind luftdicht, daher landen keine zusätzlichen Geschmäcker oder Aromen im Wein und das wahre Wesen der Rebsorte kann hell erstrahlen.

Achtet bei der Weinverkostung dieses Monats auf Folgendes: Schimmert der Weißwein golden und besitzt Röst- und Vanillenoten? Oder würdet ihr ihn als klar, knackig und erfrischend beschreiben? Die Antwort gibt einen Hinweis darauf, wie er bereitet wurde. Cool! Die Weinpartys laufen erst vier Monate und ihr seid praktisch schon Winzer!

Andere Weißweine, die ihr trinken solltet

Schnappt euch die Gläser – es ist Zeit, noch mehr hervorragende Weine kennenzulernen. Die nachstehende Liste ist nur eine Auswahl aus den vielen Weißweinen, die ihr probieren solltet. Sie umspannt Europa, von Frankreich bis Griechenland und von Deutschland bis Italien. Insbesondere Italien wartet mit ein paar sehr süffigen und auch bezahlbaren Weißweinen auf, die perfekt sind für einen Verkostungsabend.

Allen voran – Frankreich

MARSANNE UND ROUSSANNE Aus dem nördlichen Rhônetal kommen diese beiden berühmten weißen Rebsorten. Beide werden in Teilen des Weingebiets Rhône mit Syrah gemischt, um diese mächtigen Rotweine weicher zu machen. Sie sind aber auch für sich genommen ziemlich interessant. Marsanne ergibt Weißweine mit großer Farbtiefe, die recht voll im Körper sind und manchmal als wächsern beschrieben werden. Die besten aus dieser Gruppe besitzen einen Zitrusduft und Noten von Mandelmus, mit konzentrierten Orangenmarmeladen- und Pfirsicharomen. Säure ist nicht die Stärke dieses Weins, daher wird Marsanne am besten jung getrunken. Roussanne wird oft mit Marsanne verschnitten. Man kann reine Roussanne-Weine finden, aber eher selten. Sie können nach Kräutertee duften und – wie Marsanne – Zitronenaromen mit etwas Erdigkeit und dieser recht ungewöhnlichen wächsernen Textur haben. Die leckeren schmecken nach frischen Birnen und Honig. Denkt dran, französische Etiketten können verzwickt sein: Marsanne- und Roussanne-Weine von der Rhône sind nicht nach der Rebsorte benannt, sondern nach der Appellation. Sucht nach Weißwein aus Crozes-Hermitage, Hermitage und Saint-Joseph. Sofern ihr nicht genau wisst, dass ein bestimmter Erzeuger seinen Weißwein sortenrein aus nur Marsanne oder nur Roussanne bereitet, trinkt ihr vermutlich Marsanne mit einem Spritzer Roussanne, wenn ihr einen Weißwein aus einem dieser Orte bekommt.

MUSCADET Nicht zu verwechseln mit Muskateller, woraus der süßere Moscato erzeugt wird. Dies ist ein knackiger, herber und trockener Wein mit Apfel, Mineralien und gelegentlich einem Schuss Grapefruit. Die bedeutendsten französischen Muscadets haben hilfreicherweise das Wort Muscadet im Titel. In einem solchen Fall enthält die Herkunftsbezeichnung den Namen der Rebsorte; zu den Beispielen gehören Muscadet, Muscadet Sèvre et Maine und Muscadet Coteaux de la Loire. Merci.

Nächster Halt: Deutschland und Österreich

GRÜNER VELTLINER Der berühmteste österreichische Wein heißt in Österreich auch Weißgipfler. Denkt an Zitrus, Zitrus und noch mehr Zitrus. Manchmal zeigen sich Paprika- und auch würzige Noten. Der Wein hat Ähnlichkeit mit Sauvignon Blanc, daher ist der Grüne Veltliner perfekt für sommerliches Kochen im Freien, und er belastet das Portemonnaie nur wenig.

MÜLLER-THURGAU Die köstlichen deutschen Rieslinge verkostet ihr im Juni, deswegen möchtet ihr in diesem Monat vielleicht einen anderen deutschen Weißwein probieren, den Müller-Thurgau, eine der am häufigsten angebauten Rebsorten in Deutschland. Aus ihr werden trockene und halbtrockene, aber vor allem leichte Weine mit floralen Aromen bereitet.

SILVANER Ein deutscher Klassiker ist der Silvaner, der vor allem aus Franken kommt und dort trocken angebaut wird. Seine oft kräutrigen Aromen passen so gut zum Spargel, dass manche Leute glauben, er passt NUR dazu. Dabei ist er durch seine Leichtigkeit und seine milde Säure der ideale Begleiter für die moderne vegetarische oder vegane Küche, für Salate und Gemüse in jeder Form.

Weiter nach Italien

PINOT GRIGIO (IN FRANKREICH AUCH »PINOT GRIS« GENANNT, IN DEUTSCHLAND GRAUBURGUNDER) In den letzten Jahren ist diese Rebsorte im alltäglichen Weingebrauch angekommen. Wer sie noch nicht probiert hat, dem steht ein erfreulicher, zugänglicher Wein bevor. Pinot Grigio ist knackig, trocken und hat einen leichten bis mittelschweren Körper. Manche können unscheinbar sein – sogar wässrig –, aber typisch sind herrliche Fruchtnoten wie Apfel, Birne, Pfirsich sowie Zitrusaromen und -geschmack. Dieser Wein ist perfekt für Anlässe aller Art, vor allem für Hochzeiten. Er hat eine unkomplizierte Persönlichkeit und liebt vielerlei unterschiedliche Speisen, vor allem Appetizer.

GAVI (PIEMONT) Dieser Wein ist nach der Weinbauregion Gavi im Piemont benannt, nicht nach der Rebsorte. Es ist ein trockener, saurer Weißwein aus der Rebsorte Cortese. Er hat eine strohgelbe Farbe und ein neutrales, mildes Aroma. Gavi di Gavi (das heißt Gavi aus Gavi) ist der allerbeste. Eingefleischte Fans von Sauvignon Blanc sollten sich auf diesen Wein einlassen: Ich verspreche euch, dass ihr ihn mit auf die Liste eurer Lieblingsweine setzt. Ein charmanter Auftakt zu einem ausgiebigen italienischen Abendessen.

VERNACCIA DI SAN GIMIGNANO (TOSKANA) Ich bin völlig verliebt in dieses Weinchen. In ganz Italien gedeihen verschiedene weiße Rebsorten namens Vernaccia; das Wort ist verwandt mit dem englischen Begriff »vernacular«, was so viel wie »örtliche oder einheimische Rebe« bedeutet. Vernaccia aus San Gimignano ist jedoch die Erfüllung eurer Wünsche. Er wird ausschließlich in der Umgebung der toskanischen Stadt San Gimignano angebaut. Diese Weißweine werden oft mit einem Spritzer Chardonnay verschnitten und haben ein ganz bestimmtes Mandel-Gewürz-Aroma, leicht und süffig.

VERMENTINO DI GALLURA (SARDINIEN) Vermentino ist eine robuste Rebsorte, die unter widrigen Bedingungen auf der Insel Sardinien wächst. Kennzeichnend sind die Kräuteraromen (denkt an Minze, Salbei, Oregano usw.), die sie von anderen in dieser Gegend angebauten Pflanzen aufnimmt. Wenn fruchtige Weine euch nicht schmecken, dann ist dieser Wein etwas für euch.

Letzte Stationen: Spanien, Portugal und Griechenland

ALBARIÑO (ALVARINHO AUF PORTUGIESISCH) Dies ist eine der meistgeschätzten weißen Rebsorten in Spanien und Portugal. Die Portugiesen haben sie für Mischungen für den Vinho Verde verwendet. Er hat einen mittleren bis vollen Körper und lässt einem mit Zitrusfrüchten, Blumen und Pfirsich das Wasser im Mund zusammenlaufen. Bisweilen stechen mineralische Aromen und solche von nassem Gestein hervor sowie ein Hauch Salz oder Meer. Wenn ihr das nächste Mal das große Meeresfrüchte-Menü bestellt, nehmt eine Flasche von diesem Wein dazu.

VINHO VERDE Geht nach Portugal. Ernsthaft, wenn ihr einen Urlaub am Atlantik plant, dann solltet ihr dorthin reisen und leichte, spritzige Weißweine wie den Vinho Verde trinken. Verde heißt »grün«, beschreibt aber nicht die Farbe, sondern den Umstand, dass der Wein jung getrunken werden sollte. Diese Weißweine sind herrlich an warmen, sogar an heißen Tagen. Sie sind knackig mit zitronigen Aromen, prickeln ein winziges bisschen und haben normalerweise weniger Alkohol. So sind sie ideale Weine zum Mittagessen.

ASSYRTIKO Obwohl Griechenland den Wein an sich praktisch erfunden hat, betrachtet man es heute eher als »aufstrebende Weinregion«, wahrscheinlich, weil die Leute an den unersprießlichen Retsina denken (kurz gesagt ist das griechischer Weißwein, gemischt mit Pinienharz). Doch sowohl vom Festland als auch von den griechischen Inseln kommen durchaus respektable Weine. Wenn ihr also nach Griechenland kommt, dann nix wie rein in den Badeanzug und dann wird Urlaub gemacht mit diesem leichten, mineralischen, säurehaltigen, trockenen Weißwein von Santorini.

Weinsprache

APERITIF Ein alkoholisches Getränk, das man vor dem Essen als Appetitanreger genießt. Eine Weißweinschorle mit Viognier ist ein umwerfender Aperitif.

AROMATISCH Beschreibt einen Wein mit einem intensiven und der Sorte eigenen Aroma.

STRAHLEND Beschreibt das Aussehen eines klaren Weines; wird auch verwendet, um den Geschmack von frischem, sauberem Wein zu beschreiben.

BLUMIG Beschreibt Wein, der mehr nach Blumenladen durftet als nach einem Beerenbeet oder einem Haufen Dreck. Beim Schnuppern an blumigen Weinen wirst du am häufigsten Rosen, Gardenien, Veilchen und Orangenblüten wahrnehmen.

ÜPPIG, OPULENT Beschreibt ein volles Empfinden im Mund, volles Aroma oder intensive Geschmäcker.

SUR LIE Diesen Begriff könntet ihr auf dem rückwärtigen Weinetikett finden. Er besagt, dass der Wein auf dem Depot lagerte (den Feststoffen, die sich unten absetzen). Das verleiht dem Wein sowohl Struktur und etwas Körper als auch ein typisches hefiges Aroma und oft ein wenig Kohlensäure.

Die Auswahl im Mai

In diesem Monat war die Wahl der Weine beinahe so, als müsste man ein Lieblingskind auswählen. Es gibt so viele liebenswerte Weißweine! Die Gewinner repräsentieren jedenfalls eine Bandbreite von interessanten und einzigartigen Rebsortenweinen, die euch Weißwein hoffentlich in einem neuen Licht erscheinen lassen.

Viognier (€10 bis €25)

Viognier aus Condrieu beginnt bei rund 40 Euro pro Flasche; diejenigen vom Château-Grillet liegen hingegen näher bei 60 Euro und darüber. Viognier-Weine aus dem Languedoc sind günstiger und einfacher zu finden. Diese Rebsorte könnt ihr auch aus Kalifornien, Chile oder Australien kosten – zu einem Bruchteil des Preises der französischen Pendants.

Marsanne, Frankreich (€10 bis €20)

Nehmt einen aus der Region Hermitage als bestes Beispiel für diese Traube in eure Auswahl auf.

Pinot Grigio, Italien (€8 bis €15)

Der Standard ist Santa Margherita. Dieses Weingut präsentiert einen fabelhaften Pinot Grigio, allerdings etwas teurer als andere Pinot Grigios. Die deutsche Alternative wäre ein Grauburgunder aus dem südlichsten Anbaugebiet Baden.

Grüner Veltliner (€8 bis €15)

Sucht nach einem Wein mit weniger als 12,5 Prozent Alkohol, um dieses Mund-Zusammenziehen durch die Säure zu erleben.

Albariño (€12 bis €20)

Ein Albariño aus der spanischen Region Rías Baixas oder ein Vinho Verde aus Portugal (oder beide) sind perfekt für die Weinparty in diesem Monat.

DEN KORKEN AUFDREHEN

Der Schraubverschluss: Ihr habt ihn gesehen, jetzt wollen wir über ihn reden. Weinliebhaber der alten Schule verabscheuen die Vorstellung, Wein nicht zu entkorken. Tatsächlich aber hat sich herausgestellt, dass Schraubverschlüsse die Integrität des Weins erheblich länger erhalten als Korken. Ich steige nicht in die wissenschaftliche Seite ein, aber Korken lassen Luft hinein und Schraubverschlüsse nicht. Kluge Winzer nutzen diese Tatsache heute und man kann nicht mehr davon ausgehen, dass alle Weine mit Schraubverschluss minderwertig sind. Großartige und minderwertige Weine werden nunmehr gleichermaßen mit Schraubverschlüssen abgedichtet. Als ich einen südafrikanischen Winzer fragte, wie er zu der laufenden Korken-Diskussion stehe, forderte er mich höflich auf, »den Korken aufzudrehen«. Da haben wir's: Weltklasseweine können diesen glänzenden Hut tragen – und tun es auch. Solange sich der Flascheninhalt lohnt, ist mir egal, wie man ihn mir offeriert.

Und nur rein als Info: Eine Korkeiche benötigt 25 Jahre, bis sie eine verwertbare Korkrinde gebildet hat. Danach kann der Baum nur alle neun Jahre geschält werden. Ob man nun umweltbewusst ist oder nicht, mit reiner Logik lässt sich erkennen, warum dies vielleicht nicht die beste Lösung für den Verschluss von Wein in Flaschen ist.

Die Verkostung

Diese Verkostung bringt alle Weißwein-Eigenschaften auf den Tisch. Von stark säurehaltigem Wein, der sich anfühlt, als ziehe er einem den Schmelz von den Zähnen, bis zu üppigen und runden Weinen mit einem Hauch Eiche werden eure Weißwein-Kenntnisse raketenmäßig in die Höhe schnellen. Unsere Auswahl an Weißweinen präsentiert in diesem Monat eine breite Palette in jeder der nachstehenden Merkmalkategorien, doch nehmt das, was hier steht, als erste Orientierung. Viel Spaß!

ZEIT UND TEMPERATUR

Gekühlter Weißwein kann profitieren, wenn er auf Zimmertemperatur erwärmt wird. Wie bei allen Weinen wird eine Flasche, die übermäßig gekühlt ist, Aromen und Geschmack »einschließen« und sie gefangen halten, bis sie auf Temperatur kommt. Traditionell werden Weine bei »Kellertemperatur« serviert, also bei knapp 13 °C. Weil wir aber gegen Thermometer in unseren Weinen sind, achtet einfach darauf, dass der Wein so kühl ist, dass er erfrischt, und so warm, dass man diese herrlichen Aromen und Geschmäcker wahrnehmen kann. Ist ein Wein zu kalt, dann haltet den Kelch des Glases zwischen den Händen und schwenkt ihn kreisend – die Wärme der Hände erwärmt das Glas und dieses wiederum den Wein. Das ist zwar vielleicht nicht das allergeeignetste Mittel (nach der Meinung von Weinsnobs, die womöglich darauf bestehen, dass ihr einen ordentlichen Wein-Lagerschrank mit Temperaturkontrolle braucht), aber wen stört das? Ihr seid doch schließlich unter Freunden.

Kleine Anmerkung: Falls ihr Wein allerdings lieber eiskalt trinkt, nur zu! Bei einer Verkostung dreht sich alles um individuelle Vorlieben. Doch lasst den Wein probehalber einmal etwas warm werden und seht dann, was ihr davon haltet.

FARBE Klar bis golden, blasses Strohgelb bis zu tieferen Gelbtönen. Egal, woher der Rebensaft kommt, beim Betrachten sollte er strahlend sein, nicht trüb.

AROMA Alle Früchte: Apfel, Birne, Aprikose, Pfirsich, Zitrone, Limette, Grapefruit, tropische Früchte wie Ananas, Passionsfrucht und Mango. Alle Blumen: Geißblatt, Gardenie und Orangenblüten. Süße Gewürze wie Zimt und Nelke, und möglicherweise stoßt ihr auf erdige, muskierte, mineralische, salzige Noten oder nasses Gestein sowie Elemente von der Eiche (denkt an Röstaromen, Vanille und Kokos).

GESCHMACK Von süß bis trocken und von fruchtig bis herb. Die Geschmäcker können den oben genannten Aromen ähneln. Achtet nur darauf, ob euch der Geschmack angenehm ist und ob ihr ihn so gut findet, dass ihr euch noch mal nachschenkt.

KÖRPER Weißweine variieren im Körper von leicht bis voluminös. Wenn Tannine sich überhaupt zeigen, sind sie weich und ihr nehmt sie an den Innenseiten der Wangen wahr. Die meisten werden leichter sein, doch wenn der Wein sich rund und üppig im Mund anfühlt, hat er einen volleren Körper.

FINALE Achtet auf die Säure des Weins. Läuft euch das Wasser im Mund zusammen? Das Finale kann sich zusammenziehend anfühlen oder Finesse haben. Ein gut gemachter Weißwein hat eine gute Säure, er hinterlässt ein frisches und lebendiges Finale, das gerade so lange bleibt, bis man den Wunsch nach mehr verspürt.

MAI

Rezepte

Viognier und andere Weißweine

DAS PASST DAZU Die schlichte, würzige Speisekarte dieses Monats ist von den zahlreichen Aromen des Mittelmeerraums inspiriert. Da unsere Weine so vielfältig sind, ist es sinnvoll, es mit den begleitenden Speisen ebenso zu halten. Steht man allerdings unter Zeitdruck, tut es auch eine Mezze aus fertig gekauftem Hummus, Zaziki, Baba Ghanoush, frischen Gemüsesticks (zum Beispiel Paprika, Kirschtomaten und Gurkenscheiben), eingelegtem Gemüse, Oliven und einer Auswahl an Crackern und Pitabroten.

Wie gut kann euer Wein mit ein wenig Schärfe umgehen? Findet es mit diesem cremigen, würzigen Hummus zu einem Glas gekühltem Weißwein heraus.

Superwürziges Hummus

ERGIBT 480 G

- 1 Dose à 400 g Kichererbsen, abgetropft
- 60 ml Zitronensaft, frisch gepresst (von ca. 2 Zitronen)
- 60 ml eiskaltes Wasser
- 2 EL Tahini
- 1 EL rote Currypaste
- 1 TL Knoblauchpulver
- ½ TL grobes reines Meersalz
- 90 ml Olivenöl
- Pitachips zum Servieren

Kichererbsen, Zitronensaft, Wasser, Tahini, Currypaste, Knoblauchpulver und Salz in die Küchenmaschine oder den Mixer geben und mit der Intervalltaste kurz miteinander vermengen. Bei laufendem Gerät das Olivenöl hineinträufeln und alles zu einer glatten Masse pürieren. In eine Schale umfüllen und mit Pitachips servieren.

Eine Packung Tiefkühl-Blätterteig vorzuhalten, ist ein Profitrick für gute Stimmung. In Minutenschnelle kann diese unscheinbare Teigplatte zu vielfältigen Appetizern verarbeitet werden, zum Beispiel zu diesen knusprigen Knoblauch-Käse-Stangen, die perfekt zu einem guten Glas Wein passen.

Blätterteigstangen mit Käse, Knoblauch und Petersilie

ERGIBT 20 STANGEN

- etwas Mehl
- 500 g Blätterteig, aufgetaut
- 1 Ei, mit 1 TL Wasser verquirlt
- 2 Knoblauchzehen, gehackt
- 10 g frische Blattpetersilie, gehackt
- 50 g Parmesan, gerieben

Den Ofen auf 200 °C Ober-/Unterhitze (Umluft: 180 °C) vorheizen. Ein Backblech mit Backpapier auslegen.

Die Arbeitsfläche mit Mehl bestäuben. Blätterteigplatten auspacken, nebeneinander auf die Arbeitsfläche legen und zusammenkneifen, sodass sie eine einzige große Teigplatte bilden. Diese mit Ei-Mischung einpinseln und gleichmäßig mit Knoblauch, Petersilie und der Hälfte vom Käse bestreuen.

Die Teigplatte mit einem Pizzarad in 20 ca. 2,5 cm breite Streifen schneiden. Keine Sorge, falls sie zu dünn wirken – beim Backen blähen sie sich auf. Die Streifen an beiden Enden halten und in entgegengesetzte Richtungen verdrehen. Auf das vorbereitete Backblech legen. Den Teig erneut mit Ei-Gemisch bestreichen und mit dem restlichen Käse bestreuen.

12 Minuten backen oder bis die Stangen goldbraun und aufgebläht sind.

Sie schmecken am selben Tag am besten, man kann sie jedoch auch einen Tag im Voraus zubereiten, abkühlen lassen und in einem luftdichten Behälter aufbewahren.

Mediterrane Fleischbällchen mit griechischem Joghurt und eingelegter Zitronenschale

Steckt euch eins dieser Fleischbällchen in den Mund und ihr fühlt euch, als wärt ihr in der Türkei oder in Griechenland. Dieses Rezept verlangt geradezu nach einer Mischung aus Lamm- und Rindfleisch, je nach Geschmack kann man sie aber auch ganz aus Lamm- oder ganz aus Rindfleisch zubereiten. Die Fleischbällchen erstrahlen in vollem Glanz, wenn man sie in die Zitronen-Joghurt-Soße tunkt und ein Stückchen eingelegte Zitronenschale noch dazunimmt, alles in einem Bissen.

ERGIBT 25-30 MUNDGERECHTE FLEISCHBÄLLCHEN

- 350 g mageres Rinderhackfleisch
- 350 g Lammhackfleisch
- 2 große Eier, etwas verquirlt
- 80 g gewürztes Paniermehl
- 1 EL getrockneter Oregano
- 1 EL gemahlener Kreuzkümmel
- 1 EL frischer Ingwer, geschält, gerieben
- 2 TL Salz
- einfache eingelegte Zitronenschalen (Rezept folgt)
- Joghurtdip (Rezept folgt)

Den Ofen auf 200 °C Ober-/Unterhitze (Umluft: 180 °C) vorheizen. Ein Backblech mit Backpapier auslegen.

Rindfleisch, Lammfleisch, Eier, Paniermehl, Oregano, Kreuzkümmel, Ingwer und Salz in einer großen Schüssel zu einer gleichmäßigen Masse verkneten. 4–5 cm große Fleischbällchen daraus formen; sie sollten die Größe von einem oder maximal zwei Bissen haben. Auf das vorbereitete Backblech legen. 20 Minuten backen, dann weitere 2 Minuten unter den Grill (Backofen) schieben, damit sie schön goldbraun werden.

Die Fleischbällchen mit Zitronenschale bestreut auf einer Platte und mit einem Schälchen Joghurtdip dazu servieren.

- 2 Zitronen, vorzugsweise in Bio-Qualität
- 1 EL frischer Zitronensaft
- 1 EL Zucker
- 1 TL Salz
- ¼ TL Chiliflocken

Einfache eingelegte Zitronenschalen

Mit einem Gemüseschäler Schalenstreifen von den Zitronen schneiden. Achtung, nicht das Weiße mit erfassen! Jeden Streifen quer in 3 Stücke schneiden. In einer kleinen Schüssel Zitronenschalenstücke, Zitronensaft, Zucker, Salz und Chiliflocken vermengen und mindestens 1 Stunde ziehen lassen. Diese Zitronenschalen können bis zu 1 Woche im Voraus zubereitet und bis zum Servieren im Kühlschrank aufbewahrt werden.

- 250 g Joghurt griechische Art, natur
- 3 EL Olivenöl nativ extra
- 2 EL frischer Zitronensaft
- 1 TL abgeriebene Zitronenschale sowie Zitronenschale zum Garnieren
- 10 g frische Blattpetersilie, gehackt, plus Blattpetersilie zum Garnieren
- grobes reines Meersalz und schwarzer Pfeffer aus der Mühle

Joghurtdip

In einer Schüssel Joghurt, Öl, Zitronensaft, abgeriebene Zitronenschale und Petersilie miteinander verrühren. Kosten und mit Salz und Pfeffer abschmecken. Mit Zitronenschale und etwas Petersilie garnieren.

Dies ist der putzigste Salat, den ihr jemals essen werdet. Und einer der erfrischendsten und leckersten. Mit all dem superfrischen Gemüse und dem leicht säuerlichen Fetakäse ist er in diesem Monat der perfekte Partner für einen schönen Weißwein.

Gurkenhäppchen mit griechischem Salat

ERGIBT 12–14 HÄPPCHEN

- 1 Salatgurke, geschält, in 2 cm dicke Scheiben geschnitten

Dressing

- 2 EL Olivenöl nativ extra
- 1 EL Rotweinessig
- ½ TL getrockneter Oregano
- ½ TL Knoblauchpulver
- ¼ TL Dijonsenf
- ¼ TL Salz

Salat

- 30 g rote Paprikaschote, fein gewürfelt
- 40 g Kirschtomaten, fein gehackt
- 2 EL Fetakäse, zerkrümelt
- 2 EL schwarze Kalamata-Oliven, fein gehackt
- 2 TL frische Minze, gehackt

Ein Backblech mit Küchenpapier auslegen. Mit einem Melonenschneider die Gurkenstücke aushöhlen; dabei unten eine feste Schicht Fruchtfleisch stehenlassen. Die Gurkenstücke mit der ausgehöhlten Seite nach unten auf die Papiertücher legen, damit die Feuchtigkeit aufgenommen wird.

Für das Dressing: Alle Dressingzutaten in ein kleines Gefäß mit dicht schließendem Deckel geben und schütteln, bis eine Emulsion entstanden ist.

Für den Salat: Paprikaschote, Kirschtomaten, Feta, Oliven und Minze in eine Schüssel geben. 1 EL Dressing zugeben und vermengen, bis alles gleichmäßig überzogen ist. Falls gewünscht, mehr Dressing hinzugeben.

Anrichten: Die ausgehöhlten Gurken mit Salat füllen. Gurkenhäppchen auf einen Servierteller setzen.

Gekaufte Madeleines – kleine französische Biskuitkuchen in Muschelform – sind lecker und niedlich. Aufschneiden und mit dieser Pfirsich-Eiscreme füllen, fertig ist der perfekte Abschluss für die Weinparty dieses Monats. Macht genug davon, sodass alle zwei Stück essen können.

Madeleines mit Pfirsichmarmelade und Eiscreme

ERGIBT 20 STÜCK

500 g Vanilleeis

3 EL Pfirsichmarmelade

20 gekaufte Madeleines, mit einem Wellenschliff-messer aufgeschnitten

Die Eiscreme aus der Gefriertruhe nehmen und den Behälter 10 Minuten auf die Arbeitsplatte stellen.

Eiscreme in eine große Schüssel geben und mit einem Holzlöffel oder einem Spatel bearbeiten, bis sie weich ist, aber aufpassen, nicht übertreiben: Sie sollte wie Softeis aussehen, nicht wie Soße. Die Marmelade unterziehen.

Eiscreme wieder in den Behälter füllen und in den Gefrierschrank geben, bis sie wieder vollständig durchgefroren ist (ca. 1 Stunde). (Dies ergibt mehr Eiscreme, als für dieses Rezept benötigt wird; die Reste pur oder zu einem anderen Dessert genießen!)

Einen Teller in den Gefrierschrank stellen. Wenn das Pfirsicheis wieder gefroren ist, auf die Unterhälften der Madeleines je 1 EL Eis geben; die Oberhälften auflegen. Die fertigen Mini-Eiscremesandwiches – immer mehrere zugleich – auf den Teller im Gefrierschrank legen, damit sie nicht schmelzen. Sie können 1 Woche im Voraus zubereitet und direkt vor dem Servieren aus dem Gefrierschrank geholt werden.

JUNI

Riesling

Kapitel 6

JUNI

6

Beim fröhlichen Feiern in der Sonne habe ich immer am liebsten zu etwas Prickelndem oder zu Rosé gegriffen. Bei einem inoffiziellen Verkostungstest von Picknick-Köstlichkeiten zu den bewährten Sommerfavoriten – Schaumwein, Rosé und Pinot Grigio – sowie Riesling neulich im Garten zeigte sich allerdings, dass der Riesling als Sieger hervorging. Von Sandwiches und Salaten bis Pasteten und eingelegtem Gemüse, er passte hervorragend zu allem. Du wirst merken, dass Riesling im Sommer sehr angenehm ist, denn manche haben nur 8 Prozent Alkohol. Er ist daher ein herrlicher Wein, wenn man an einem sonnigen Tag draußen chillt. Nach den Tests bei Picknicks und anderen Food- und Wein-Probeverkostungen hat sich dieses schöne Weißweinchen auch einen Platz in meiner Frühjahrs- und Herbstauswahl erworben.

Verlegt eure Weinparty in diesem Monat doch ins Freie. Breitet einen bunten Teppich aus Picknickdecken unter einem Baum aus oder lasst euch auf der Veranda oder auf der Gartenterrasse nieder. Nun werdet ihr entdecken, warum der frische, heitere, luftige Juni der passende Monat ist, um sich in diesen kapriziösen Wein zu verlieben.

Über Riesling

Die Rebsorte Riesling hat es gern angenehm kühl – sie gedeiht am besten in nördlicheren Weinbaugebieten – den »Cool Climate«-Weinregionen – und am liebsten auf steinigen Steilhängen entlang von Flüssen wie dem Rhein, der Mosel oder dem Neckar: Die Beeren reifen vergleichsweise spät und am Hang können sie die Herbstsonne gut genießen, während steinige Böden viel Wärme speichern. Die Reben kommen gut mit Trockenheit zurecht und aus den Beeren werden Weine in unterschiedlichen Qualitäten und Geschmacksrichtungen bereitet – von staubtrocken bis edelsüß.

Der Riesling blickt auf eine lange Geschichte zurück: Die erste Erwähnung des Wortes »Riesling« stammt aus einer Rechnung, die 1435 in Rüsselsheim erstellt wurde, und man geht davon aus, dass die Rebsorte damals schon seit Jahrhunderten in Deutschland angebaut wurde. Zwar hat Deutschland auch die größte Riesling-Anbaufläche, aber Rumänien, die USA, Frankreich, Australien und mit kleineren Gebieten noch weitere Länder bauen diese Rebsorte ebenfalls an.

In der zweiten Hälfte des letzten Jahrhunderts war Riesling ein Exportschlager, allerdings eher in seiner süßen Variante. Ausgehend von den USA kam es dann um die Jahrhundertwende zur Wiederentdeckung des trockenen Rieslings – die sogenannte »Riesling Renaissance« setzte weltweit ein, angefeuert von den wichtigsten Weinjournalisten der Welt. In Wahrheit können Rieslingweine alles zwischen durch und durch trocken und extrem süß sein, wobei Süße im Wein nichts Schlechtes ist – die besten Rieslinge gleichen ihre Süße mit einer sehr präsenten Säure aus. Ziel der Winzer ist eine perfekte Säure-Süße-Balance. Und es ist eine saubere Süße, die im Mund nicht aufdringlich ist. Die Kombination von reinem Fruchtaroma und einer frischen, knackigen Säure kann wirklich etwas Wunderschönes sein.

Nicht nur die Amerikaner haben längst den Charme von Rieslingweinen neu entdeckt, doch es gibt auch viele Leute, die das noch immer nicht ganz verstanden haben. Für mich und meine amerikanischen Weinfreunde ist das gut, denn solange Riesling in den USA noch nicht in großem Stil populär ist, bleibt der Preis moderat. Man findet noch immer umwerfende Rieslingweine für rund 7 bis 15 Euro pro Flasche.

Die kühle Schönheit

Geht nicht in Spanien, Italien oder Südfrankreich auf die Jagd nach Rieslingweinen: Die feinsten werden aus Trauben bereitet, die in kälterem Klima angebaut wurden. Die Traube muss eine lange, kühle Saison hindurch reifen und bis zum Herbst an der Rebe bleiben. Es stimmt zwar, dass man in Australien und Kalifornien Riesling bekommt, doch sie sind sehr viel körperreicher und ihnen fehlt diese rassige Säure von Weinen aus Trauben, die in kälterem Klima wie Deutschland und dem Elsass angebaut werden. Greift also beim Riesling zu denjenigen aus den nördlicheren Weinbauländern.

MOSEL Während die Pfalz heute das weltweit größte Anbaugebiete für Riesling ist, genießen vor allem auch Rieslinge von den steilen Hängen der Mosel Weltruf. Dort und an den Nebenflüssen Saar und Ruwer wachsen Weine für jeden Tag, aber auch Raritäten, die mehrere Tausend Euro pro Flasche kosten können. Hier erstrahlt diese Traube wahrhaftig: Die Weine aus dieser Gegend sind exquisit und nuanciert, mit einem Hauch Süße. Eine Flasche aus dieser Region ist ein Muss für eure Verkostung, damit ihr seht, wie elegant diese Traube sein kann. Darüber hinaus ist auch in Rheinhessen, im Rheingau, an der Nahe und am Mittelrhein Riesling die wichtigste Rebsorte und verdient eure Aufmerksamkeit.

ELSASS, FRANKREICH Hier werden zwar auch andere Rebsorten angebaut, doch Riesling ist die elsässische Sorte schlechthin, sie macht in der Region den größten Anteil aus und hat das höchste Ansehen. Wisst ihr noch, wie ihr beim Chardonnay nach der Region Burgund suchen musstet, um einen Chardonnay aus Frankreich zu finden? Elsässische Weine lassen sich viel einfacher entschlüsseln, denn das Elsass ist das einzige Weinanbaugebiet in Frankreich, in dem Weine nach der Traube benannt werden und nicht nach der Region. Wenn der Wein in der Flasche aus der Rieslingtraube bereitet wurde, wird er direkt auf der Flasche als Riesling bezeichnet. Das macht das Leben leicht, oder? Auch wenn das Elsass direkt an Deutschland stößt – und tatsächlich auch mal zu Deutschland gehört hat –, sind die hiesigen Rieslinge völlig anders als die Rieslinge von der Mosel. Elsässische Rieslinge sind für ihre fantastische Ausgewogenheit von Säure und Fruchtigkeit und ihre stählernen, mineralischen Eigenschaften bekannt. Gut gemachte Rieslinge aus dieser Region werden mit dem Altern raffinierter; jung sind sie sogar etwas verschlossen. Ich schaue daher im Allgemeinen nach Flaschen, die mindestens drei Jahre alt sind. Möchtet ihr junge Rieslinge trinken, dann nehmt eine preislich günstigere Flasche, denn die preiswerten sind normalerweise stilistisch am leichtesten und zugänglichsten. Insbesondere elsässischer Riesling wird in schlanken grünen Flaschen mit langem

Hals abgefüllt, den Schlegelflaschen. Sie zeigen in der Regel an, dass es sich um einen trockenen Wein handelt. Diese Flaschenart wird auch in anderen Teilen der Welt für Riesling verwendet. Seht ihr also in einer Blindverkostung, dass sich unter der Hülle eine längliche Flasche verbirgt, ist das ein Hinweis, dass ihr Riesling oder einen anderen elsässischen oder deutschen Wein verkosten werdet, zum Beispiel Gewürztraminer.

NORDÖSTERREICH Nochmals, obwohl Österreich und Deutschland Nachbarn sind, ähneln ihre Rieslinge sich überhaupt nicht. Österreichische Rieslinge haben einen volleren Körper, sind kräftiger und fruchtbetonter als deutsche Rieslinge. Oft beschreibt man sie als spritzig und lebendig, mit einem Duft nach Rose und Pfirsich.

FINGER LAKES, NEW YORK Riesling wird viel im US-Bundesstaat New York angebaut. Die stilistische Bandbreite reicht von trocken über halbtrocken bis zur übermäßig lieblichen Spätlese und Eisweinen. Meiner Meinung nach kommen die besten Rieslinge der USA aus dieser Region – es lohnt sich durchaus, für eure Verkostung einen von dort auszuwählen. Solltet ihr einmal auf dem Weg nach New York City sein, macht ein Wochenendtrip in diese Gegend superviel Spaß und ist ein Genuss.

Die Rebsorte wird in den USA aber auch in den Staaten Washington, Oregon, Kalifornien sowie in Australien, Neuseeland, Südafrika und Kanada angebaut und verarbeitet. Um ehrlich zu sein, manche sind sehr gut, andere nicht. Für den Anfang ist es am sichersten, sich hauptsächlich auf Rieslingweine aus den oben beschriebenen Gebieten zu konzentrieren. Dann probiert ihr die besten und entscheidet später für euch, ob ihr die anderen mögt.

Weinsprache

A.O.C. (APPELLATION D'ORIGINE CONTRÔLÉE) Das ist ein Fachwort, das ihr in diesem Monat auf einem Flaschenetikett sehen könntet. Es handelt sich um eine offizielle Bezeichnung, die von der französischen Regierung für Weine vergeben wird, die in ihrer Herkunftsregion mit traditionellen Verfahren angebaut und erzeugt werden. Andere Länder haben ähnliche Systeme.

AUSLESE, BEERENAUSLESE, EISWEIN, TROCKENBEERENAUSLESE Deutsche Weine aus diesen Kategorien sind ausgesprochen lieblich. Die hier genannte Reihenfolge beginnt bei »süß« und endet bei »am süßesten«. Allerdings wird die Süße immer durch eine erfrischende Säure ergänzt und wirkt dadurch weniger aufdringlich, ähnlich wie bei einem schönen grünen Apfel. Diese Weine eignen sich besonders zu süßen Desserts – oder sogar als Ersatz dafür.

KABINETT/SPÄTLESE Stellt euch »etwas trocken/etwas lieblich« vor. Kabinett beschreibt einen Wein, der sehr leicht ist im Alkohol und etwas lieblicher als trockene Weine. Spätlese ist eine noch anspruchsvollere Weinkategorie, die etwas mehr Alkohol hat als Kabinett und die oft halbtrocken ist, oder eben etwas lieblich.

RASSIG Dieser Begriff wird oft für diese angenehme frisch-lebendige Eigenschaft verwendet, die von der Säure in Weißweinen kommt, insbesondere beim Riesling.

TROCKEN, HALBTROCKEN All diese Begriffe findet man häufig auf deutschen Etiketten. Sie sind gesetzlich geregelt und bedeuten, dass der Wein nicht mehr als 9 bzw. 18 Gramm Restsüße pro Liter haben darf.

Die Auswahl im Juni

Ich veranstalte sehr gern Riesling-Verkostungen mit Weinen aus vielfältigen Anbaugebieten, denn dieser Wein zeigt sein Terroir ganz gewaltig. Wir werden Weine aus den Superstar-Regionen Elsass und Mosel probieren, außerdem aus meiner Lieblings-Rieslingregion in den USA, Finger Lakes im Hinterland von New York, und einen aus Kalifornien.

Mosel Kabinett, Deutschland (€15 bis €25)

Riesling Kabinett, halbtrocken und Spätlese zeigen allesamt Mineralik, Frische und Terroir, die sie von den Stilen aus Amerika abgrenzen.

Rheingau oder Pfalz, trocken bis halbtrocken, Deutschland (€10 bis €20)

Trockene und halbtrockene Riesling-Weine haben der Rebsorte in den letzten Jahrzehnten zu noch mehr Ansehen verholfen. Durch die frische Säure sind diese Weine sehr gut haltbar und passen sehr gut zur modernen, insbesondere zur asiatischen Küche.

Elsass, Frankreich (€10 bis €20)

Diese Rieslingweine haben eine Bandbreite von knochentrocken bis lieblich, mehrheitlich sind sie jedoch trocken mit viel Säure. Aromen von Grapefruit, Apfel und Mineralien werden eure Nasen erfüllen.

Region Finger Lakes, Hinterland von New York (€20 bis €25)

Ein klarer Hinweis, auch ohne probiert zu haben: Viele dieser Rieslingweine haben einen Schraubverschluss. Außerdem weisen diese Weine aus der Neuen Welt mehr tropische Fruchtnoten von Kiwi, Banane und Passionsfrucht auf.

Kalifornien oder US-Staat Washington (€20 bis €30)

Diese saftigen Rieslingweine aus der Neuen Welt präsentieren Aromen von frischen Pfirsichen, Aprikose und Zitrus. Sie haben den voluminösesten Körper und die kräftigsten Fruchtaromen von Pfirsich und Aprikose, ohne den Biss des elsässischen Stils.

Pirat: Gewürztraminer aus der Pfalz oder Muskateller aus Rheinhessen (€10 bis 25€)

Zwei weitere intensiv duftende Weine aus Trauben, die in kühlem Klima gedeihen. Muskateller und Gewürztraminer sind sogenannte Aromen- oder Bukettsorten. Diese Weine kommen mit mehr Gewürznoten wie Ingwer, Piment und Muskat daher. Das hebt sie mit Sicherheit von den Rieslingweinen ab, die ihr probieren werdet.

AROMA KANN SUBJKETIV SEIN

Ihr seid jetzt im sechsten Monat eurer Weinproben. Und, wie läuft es mit dem Benennen von Aromen? Riecht ihr schon Guave und Quitte heraus? Na gut, das vielleicht nicht. Wie sieht es mit allgemeineren Noten wie Zitrus, Blumen und Beeren aus? Oder vielleicht riecht der Wein in euren Gläsern für euch immer noch nach, nun, Wein.

Ihr werdet merken, dass manche unter euch hochsensible Nasen haben, die spezifische Düfte wirklich wahrnehmen, und andere nicht. Wo ihr euch im Riechspektrum auch befindet, lasst euch nicht entmutigen. Man muss viel am Wein schnuppern und nippen, bevor man wirklich weiß, wie man über den Inhalt seines Glases spricht. Die eine denkt vielleicht, ein Wein riecht wie Salami-Pizza, ein anderer könnte sagen, er riecht wie geräuchertes Fleisch. Denkt daran, es ist in Ordnung, wenn ihr nicht alle dasselbe riecht.

Beim Riechen an Wein geht es darum, von Aromen zu abstrahieren, die man schon kennt. Wenn es euch also schwerfällt, Papayas und Kakis klar zu definieren, haltet euch an das, was ihr kennt. Bei der Riesling-Probe beispielsweise versetzt der Geruch die eine vielleicht plötzlich zurück in den Garten ihrer Großmutter nach einem Frühlingsregen, wo sich in der Luft eine bestimmte Süße mit dem erdigen Duft jener nassen Steine mischte, die sie als Kind immer über den Kanal hüpfen ließ. Jemand anders aus der Gruppe sagt womöglich: »In der Nase sind Birnen und Rosen, mit mineralischen Untertönen.« Was für den einen nach Apfelblüte und nassen Steinen duftet, riecht für andere vielleicht nach Birnen, Rosen und feuchter Erde.

Und wisst ihr was? Ihr habt beide recht. Falls jemand anders darauf besteht, er oder sie rieche rostigen Hammer und Aprikosenkuchen, lächelt einfach – und schnuppert weiter.

Die Verkostung

In diesem Monat lässt es sich ausgezeichnet über Aromen reden. Dieser Weißwein mit seinen verführerischen floralen und fruchtigen Noten wird eure Nase definitiv in die Irre führen, aber nach ein paar Schlucken versteht ihr ein für alle Mal, dass fruchtig oder floral nicht immer dasselbe ist wie lieblich. Jetzt, da wir in die deutschen Weine einsteigen, findet ihr womöglich einen neuen Reiz in der Nase, denn im Gegensatz zu Weißweinen aus südlicheren Regionen, ist bei diesen Weinen nicht der Alkohol das Rückgrat des Geschmacks, sondern die lebhafte Säure.

ZEIT UND TEMPERATUR

Riesling und Chardonnay sollte man gleich behandeln, wenn es um die richtige Temperatur für die Verkostung geht: im Zweifelsfall lieber kühlen. Wenn ihr die Flaschen mindestens 15 Minuten vor dem Einschenken aus dem Kühlschrank nehmt, seid ihr auf der sicheren Seite.

FARBE Die meisten Rieslingweine gehen farblich von blassgelb mit einem Hauch Grün bis zu einem etwas goldeneren Ton. Kalifornischer Riesling ist im Vergleich zu den eher blassen Weinen aus Deutschland etwas golden, aber die Farbtöne ähneln sich sehr und oft besteht kein merklicher Farbunterschied.

AROMA Riesling wird oft als knackig und erfrischend beschrieben, sogar in der Nase, häufig aber bietet sein Repertoire auch florale Aromen und reifere Früchte. Bei Elsass und Deutschland zeigen sich Zitrusaromen, vor allem Grapefruit, neben Apfel, Mineralien und einer sauberen, stahligen Nase. Bei elsässischen und deutschen Rieslingweinen werdet ihr keine Eiche finden und ich hoffe, in den anderen Weinen dieser Probe auch nicht, denn Riesling ist meiner Meinung nach zu fein für Holz. Die Stile aus Kalifornien, dem Elsass und New York können Pfirsich, Aprikose und Zitrus in der Nase zeigen. Süße oder sogar edelsüße Rieslinge entwickeln oft eine glänzend goldene Färbung und schmecken nach Honig, Grapefruit und anderen exotischen Früchten wie Mango oder Maracuja.

GESCHMACK Riesling sollte eine gute Säure haben und man kann beim Probieren für die Beschreibung Begriffe wie spritzig oder rassig verwenden. Auch wenn er – sofern richtig ausgewogen – vielleicht süß riecht, sollte er immer noch säuerlich oder herb sein. Elsässische Weine werden von knochentrocken bis lieblich gehen, mehrheitlich aber sind sie trocken und haben viel Säure. New Yorker Rieslingweine sind frisch mit verführerischem Fruchtgeschmack neben einer rauchigen mineralischen Eigenschaft, die ihr bei kalifornischem Riesling nicht findet. Die kalifornischen werden die üppigsten Fruchtaromen haben – Pfirsich und Aprikose –, ohne den Biss der elsässischen Stile. Der deutsche Kabinettwein ist leichter und feiner im Geschmack nach knackigen Äpfeln. Sowohl die deutsche als auch die elsässische Version können auch zitrussig schmecken, vor allem nach Zitrone. Ihr müsstet in dieser Verkostung in der Lage sein, diese lieblichere deutsche Spätlese oder den Halbtrockenen im Vergleich mit den herberen Rieslingen sofort zu erkennen.

KÖRPER Ihr erinnert euch, dass höherer Alkoholgehalt einen größeren Körper bedeutet. Der Riesling aus New York wird zweifellos mehr Alkohol haben als der deutsche und folglich auch einen volleren Körper. Die elsässischen können einen leichten bis mittleren Körper haben. Die lieblicheren Stile haben einen volleren Körper und verleihen ein üppigeres Mundgefühl. Deutsche Kabinettweine haben normalerweise weniger Alkohol als die elsässischen Weine, daher wird euer deutscher Kabinettwein von allen der leichteste sein.

FINALE So mancher Riesling geht mit gehörigem Schwung und andere bleiben vielleicht länger mit weicheren reifen Fruchtaromen. Das Finale sollte die Säure zeigen und Appetit auf mehr machen.

JUNI

Rezepte

Riesling

DAS PASST DAZU Riesling stiehlt dem Essen eigentlich nie die Show, im Gegenteil, er bringt die besten Häppchen besser zur Geltung. Bei der Weinprobe dieses Monats wird euch die Art und Weise gefallen, wie die Süße-Säure-Balance des Rieslings mit vielen Speisen korrespondiert, auch mit dem süßsauren Dip und den feinen Geschmäckern von Ingwer und Minze in den folgenden Rezepten. (Übrigens ist der Riesling keineswegs ein reiner Sommerwein! Er ist zu Pute und Beilagen ein Tipp mit Erfolgsgarantie, deswegen denke ich als Amerikanerin auch beim Festessen zum amerikanischen Thanksgiving am vierten Donnerstag im November an ihn.)

Diese Nudeln sind als Beilage oder mit Edamame bestreut als Entrée ein Favorit meiner Familie. Minihäppchen, vorab auf Gabeln aufgedreht, mögen optisch viel hermachen, sind aber im Grunde recht einfach zubereitet.

Soba-Nudelnester mit Sesam und frischer Minze

ERGIBT 24 NESTER

- 270 g japanische Soba-Nudeln (trocken)
- 200 g Erdnussbutter natur
- 3 EL Reisweinessig
- 3 EL Sojasoße
- 2 EL Sesamöl
- 2 EL Limettensaft, frisch gepresst
- 1 EL Honig
- 1 EL Sriracha
- 10 g fein geschnittene Minze zum Garnieren
- Sesam zum Garnieren

Soba-Nudeln gemäß Packungsanweisung kochen. In ein Sieb abgießen und unter fließendem kalten Wasser abkühlen.

In einer großen Schüssel Erdnussbutter, Reisweinessig, Sojasoße, Sesamöl, Limettensaft, 2 EL Wasser, Honig und Sriracha verrühren. Die abgetropften Soba-Nudeln zugeben und vermengen, bis sie gut überzogen sind.

Mit einem großen Löffel und jeweils einer Gabel die Soba-Nudeln zu Nestern aufdrehen und mitsamt der Gabel auf eine Platte oder einzelne kleine Teller setzen. Wenn alle Nester platziert sind, jedes mit etwas Minze und Sesam bestreuen.

Man kann sie im Voraus zubereiten und bis zum Servieren im Kühlschrank aufbewahren (oder für ein paar Stunden sogar bei Zimmertemperatur draußen lassen).

Garnelencocktail mit Cocktailsoße serviert, damit wird gerechnet. Überrascht die Weinpartygäste in diesem Monat mit diesem aufgeschlagenen Chili-Limetten-Dip: ein ganz neues Level statt der normalen Garnelen.

Garnelencocktail mit Chili-Limetten-Dip

FÜR 8 PORTIONEN

100 g Zucker

60 ml Limettensaft, frisch gepresst

60 ml Reisweinessig

3 EL Fischsoße

2 EL frischer Ingwer, geschält, gehackt

1 EL Chiliflocken

4 Knoblauchzehen, gehackt

2–4 Thai-Chilischoten, geputzt, in Ringe geschnitten

2 EL Wasser

4 TL Maisstärke

gut 900 g Garnelen mit Schwanz, gekocht, geschält, entdarmt, abgekühlt (siehe Anmerkung)

Anmerkung: Die größten Garnelen kaufen, die vorgekocht zu finden sind. Bei Riesengarnelen ergeben üblicherweise ca. 8–12 Stück etwa 450 g. Sorgt dafür, dass 2 oder 3 Stück pro Person vorhanden sind.

Zucker, Limettensaft, Essig, Fischsoße, Ingwer, Chiliflocken, Knoblauch und Chilischoten zusammen in einen kleinen Topf auf mittlerer Stufe geben. Zum Köcheln bringen, damit der Zucker sich vollständig auflöst, und umrühren, sodass sich alle Zutaten vermengen.

In einem Schälchen 2 EL Wasser und die Maisstärke zu einem Brei verrühren. Den Brei in den Topf geben und weitere 2 Minuten köcheln lassen. Vom Herd nehmen und abkühlen lassen.

Die gekühlten Garnelen auf einer Platte anrichten und mit der Soße in einem Schälchen in der Mitte servieren. Alternativ in einzelnen Glaskelchen servieren; dazu in jedes Glas etwas Soße geben und die Garnele seitlich danebenlegen.

Edamame sind ein einfacher Snack. Serviert ein fantasievoll aromatisiertes Salz dazu und ihr werdet gar nicht aufhören können, euch welche in den Mund zu stecken.

Edamame mit Rauch-Meersalz

ERGIBT 10–12 PORTIONEN

400 g Tiefkühl-Edamame, nicht enthülst

1–2 EL Rauch-Meersalz (siehe Anmerkung)

Anmerkung: Ist Rauch-Meersalz nicht zu finden, kann man auch aus 1 EL reinem und/oder grobem Meersalz und ¼ TL Rauchpaprikapulver selbst welches herstellen.

Die Edamame gemäß Packungsanweisung kochen (ich gare meine in der Mikrowelle in einem Gefäß mit Deckel: 60 ml Wasser, 4 Minuten).

Mit dem Rauch-Meersalz bestreuen und sofort servieren.

Pannacotta, Crème brulée, Pots de Crème, Mousse, English Posset – ich liebe sie alle. Eines dieser opulenten, geschmeidigen, cremigen Desserts zu verzehren fühlt sich immer an wie Selbstfürsorge. Hier ist der Geschmack intensiv wie bei einer Key Lime Pie – einer Tarte mit den speziellen Key-Limetten aus Florida – plus Extrakick vom Ingwer.

Ingwer-Limetten-Pannacotta

ERGIBT 12 SCHÄLCHEN PANNACOTTA

60 g Gelatine

960 ml Konditorsahne, plus 120 ml gekühlte Konditorsahne zum Servieren

200 g Zucker

2 EL Ingwerpaste (siehe Anmerkung)

160 ml Limettensaft, frisch gepresst, durch ein Sieb gegossen

1 EL Puderzucker

abgeriebene Limettenschale zum Garnieren

Anmerkung: Ingwerpaste ist z. B. in der Asia-Abteilung von gut sortierten Supermärkten zu finden, entweder in der Tube oder im Glas.

In einer kleinen Schüssel Gelatine mit 3 EL Wasser verrühren und zum Quellen beiseitestellen.

960 ml Konditorsahne, Zucker und Ingwerpaste in einem kleinen Topf auf mittlerer bis niedriger Stufe aufsetzen und umrühren, bis Zucker und Ingwer sich aufgelöst haben. Vom Herd nehmen und gequollene Gelatine sowie Limettensaft zugeben. Umrühren, bis die Gelatine sich aufgelöst hat und gleichmäßig eingearbeitet ist.

Die Mischung gleichmäßig auf 12 Förmchen, kleine Gläser oder Dessertschalen verteilen und in den Kühlschrank stellen, bis sie vollständig durchgekühlt sind (2–3 Stunden).

In einer mittelgroßen Schüssel die restliche Konditorsahne und den Puderzucker mit einem Handmixer oder einem Schneebesen aufschlagen, bis sich mittelsteife Spitzen bilden. Auf jedes Dessert einen Klacks Schlagsahne geben, mit Limettenschale garnieren und servieren.

JULI

Rosé

Kapitel 7

JULI

7

Für eine Rooftop-Party, einen Bootsausflug, den Strand, den Garten und darüber hinaus: Roséwein passt immer. Dieses hübsch anzusehende Getränk passt hervorragend, von den lässigsten Treffen bis zu den elegantesten Soiréen. Es ist wie ein Zauber: Das Wetter wird warm und wir wechseln wie automatisch von Wasser zu Rosé.

Der Juli ist der perfekte Monat, um mit den Weinpartygästen dieses Sommerwasser zu feiern. Wir reden hier nicht von weißem Zinfandel oder sehr hellem Rosé. Sie mögen sich äußerlich ähneln, doch diese Weine könnten unterschiedlicher nicht sein. Seid in diesem Juli bereit für euer rosa Getränk.

Über Roséwein

In diesem Monat stimmen wir uns auf einen der am meisten missverstandenen Weinstile ein: auf Rosé. Auch wenn dieser Wein rosafarben ist, er wird nicht aus rosafarbenen Trauben gewonnen. Dieser sehr begehrte, perfekt blassrosa Farbton namens »pétale de rose« wird aus roten Trauben erzeugt. Winzer können aus jeder roten Weintraube Roséwein bereiten. Dafür gibt es mehrere Möglichkeiten.

KURZE MAZERATION Dabei lässt der Winzer die Schale der roten Beeren nur für kurze Zeit – zwischen 2 und 24 Stunden – in Kontakt mit dem Saft kommen, um Farbe, Geschmack und Tannine herauszulösen. Im Vergleich zu Rotweinen ist dies kurz, denn für Rotwein steht der Saft üblicherweise zwischen einer Woche und einem Monat auf der Maische. Die Schalen geben dem Wein seine Farbe und das Resultat aus diesem kurzen Kontakt zwischen Schale und Saft ist somit eine hellere Färbung. Letztlich werden so Roséweine in variierenden Schattierungen hervorgebracht. Die meisten der Ballettschühchen-rosa Weine aus der Provence werden mit dieser Methode erzeugt.

SAIGNÉE Bei dieser Methode, deren Name vom französischen Wort für »bluten« kommt, wird ein Teil des Weins innerhalb der ersten Stunden der Mazeration abgezogen. Danach wird dieser Wein in ein anderes Gefäß gefüllt (einen Edelstahltank) und zu Rosé vinifiziert. Die Spitzen-Roséweine aus Spanien und die hochklassigsten Rosé-Schaumweine wie Château Miraval und Cristal werden mit dieser Methode bereitet.

ROTLING, SCHILLERWEIN Roséweine werden in Deutschland ausschließlich aus roten Trauben hergestellt, insbesondere aus Spätburgunder, Dornfelder und Portugieser. Ausnahmen bilden regionale Spezialitäten wie Rotling oder Schillerwein, bei denen tatsächlich weiße und rote Trauben gemeinsam verarbeitet werden.

White Zinfandel ist kein Verbrechen

Bei rosafarbenem Wein denken viele Leute als Erstes an White (weißen) Zinfandel. Wegen dieser Assoziation wird angenommen, dass alle Roséweine lieblich sind, und das führt zu Beliebtheitsproblemen. Aber in Wahrheit ist Roséwein im Gegensatz zu White Zinfandel (auch Blush Wine genannt) auf einen niedrigeren Zuckergehalt angelegt.

Viele Weintrinker werden vermutlich zumindest einmal im Leben den berüchtigten rosafarbenen White Zinfandel getrunken haben. Ob man ihn nun toll findet oder verabscheut, eines muss man wissen: So etwas wie eine White-Zinfandel-Traube gibt es nicht.

Den weißen Zinfandelwein erfand Bob Trinchero vom Weingut Sutter Home Winery vor über 30 Jahren. Er ließ den ausgepressten Saft von Zinfandel-Trauben (einer roten Sorte) viel kürzer in Kontakt mit den Beerenschalen als normalerweise für Rotwein.

Na ja, dieses kleine Experiment (oder dieser Fehler, je nachdem, mit wem man spricht) verkaufte sich wie geschnitten Brot, White Zinfandel wurde in den USA für eine Weile die Nummer eins im Verkauf, bis der Chardonnay das blassrosafarbene Getränk vom Thron stieß.

Warum war White Zinfandel so beliebt? Er ist einfach und die meisten sind recht süß mit einem Duft nach Erdbeeren, Himbeeren und sogar nach Sahne, und Amerikaner mögen Süßes. Menschen, die nicht an Wein gewöhnt sind, bietet White Zinfandel einen einfachen Zugang.

Es ist kein schicker Bordeaux, aber es gibt keinen Grund, warum White Zinfandel nicht einen Platz in euren Gläsern bekommen kann, wenn er euch gut schmeckt. Er findet Gefallen als fruchtiger, süffiger Sommertropfen.

Wenn ihr also welchen trinkt, dann gekühlt, und trinkt einen jungen White Zinfandel. Behandelt ihn wie einen Weißwein: im Kühlschrank aufbewahren und 10 bis 15 Minuten vor dem Servieren herausnehmen. Außerdem liebt dieser Wein Eiswürfel, wenn ihr ihn also eisgekühlt mögt, gebt ein paar hinein.

Ein Rosé ist ein Rosé ist ein Rosé (oder?)

Frankreich ist die Heimat des berühmtesten Roséweins aus der Provence. Rosé kommt allerdings aus dem ganzen Land, darunter sind auch der namhafte Rosé aus Tavel, nur etwas nördlich im Gebiet Rhône, und die erschwinglichsten französischen Roséweine aus der südlichen Region Languedoc.

Rosé aus Spanien heißt Rosado, in Italien heißt er Rosato, in Deutschland auch oft Weißherbst. In den USA werden in jeder Weinbauregion von Kalifornien bis New York und Virginia Roséweine bereitet. So wie ihre Heimatorte sich unterscheiden, so reichen auch die Rosé-Stile rund um den Globus von herb bis halbtrocken und zum Glück für uns gibt es sogar Rosé-Schaumweine.

Was bestimmt den Stil? Nun, wie bei jedem Wein hat der Winzer einen großen Einfluss darauf, was schließlich im Glas landet. Die Rebsorten für dieses rosa Getränk können Grenache sein, Cabernet, Syrah, Sangiovese, Tempranillo, Spätburgunder, Portugieser, Dornfelder, Zinfandel und noch weitere. Viele habt ihr bei den Weinpartys schon als Rotweine verkostet. Erinnert euch daran, wie sie sich unterscheiden, und ihr werdet verstehen, dass sie auch in ihren Rosé-Varianten vielfältig sind.

Auch das Terroir ist ein Faktor: Ob die Trauben in einem kühlen oder einem warmen Klima angebaut werden, der Saft wird es zeigen. Roséweine aus einem kühleren Klima wie dem Loiretal und Oregon oder Württemberg und Baden in Deutschland neigen zu höherem Säuregehalt und höherer Mineralität und mehr säuerlichen Fruchtaromen, während Rosé, der in wärmerem Klima wie Spanien und Australien wächst, reifere Fruchtaromen präsentieren wird.

Unabhängig vom Herkunftsort und vom Wetter in der Anbauregion ist die Farbe des Flascheninhalts ein guter Hinweis darauf, was man beim Genuss erlebt. Weine im provenzalischen Stil haben das hellste Rosé. Sie sind typischerweise fruchtig, aber eher schlank, herb und nicht zu lieblich (also trocken). Trotz seines Namens muss Rosé in diesem Stil nicht zwangsläufig aus der Provence kommen und diese blasseren Roséweine tauchen zunehmend außerhalb von Frankreichs Südosten auf.

Je dunkler und roter der Wein ist, desto kräftiger wird er sein. Spanische Rosados aus der Region Rioja kann man in sehr viel dunkleren Tönen finden, zum Beispiel Rubinrot, und die Weine sind fruchtiger. Nehmt einen dunkleren Rosé in die Auswahl dieses Monats auf, damit ihr den Unterschied seht, den der Kontakt mit den Beerenschalen bewirken kann.

Rosé kann auch herzhaft sein. Die Region Tavel im französischen Rhônetal bringt Roséweine hervor, die solch eine herzhafte Qualität besitzen. Sie haben dieselben erwarteten roten Fruchtaromen und Geschmäcker wie ihre lieblicheren Gegenstücke, doch sie können auch eine Salz- oder Meeresnote haben.

Weinsprache

BRUT Nicht lieblich. Den Begriff liest man üblicherweise auf Schaumwein-Etiketten als Hinweis, dass sie trocken sind.

FROSÉ Ein ausgesprochen leckerer Cocktail auf Roséwein-Basis, auf gecrushtem Eis als Slushie mit Trinkhalm serviert.

GRENACHE Französischer Name für die rote Traube, die in Spanien Garnacha heißt. Aus beiden wird Roséwein bereitet. Und es ist eine der 13 Trauben in der berühmten Rotweincuvée Châteauneuf-du-Pape.

GRIS DE GRIS Bedeutet übersetzt »Grau von Grau«. Mit diesem Begriff beschreibt man Wein aus Trauben mit helleren rosa Schalen wie Cinsault, Gamay und Grenache.

PAYS D'OC Dies könntest du auf Roséwein-Etiketten lesen. Es ist im Grunde dasselbe Weinanbaugebiet wie das Languedoc oder Südfrankreich.

BLANC DE NOIR Wenn der Winzer nach der Lese die roten Trauben auspresst und sie nur ganz kurz Kontakt zu den Beerenhäuten haben, in denen die Farbstoffe sitzen, können kaum Farbpigmente in den Wein gelangen und es entsteht ein weißer oder nur ganz zart rosafarbener Wein aus roten Trauben. Diesen nennt man dann Blanc de Noir, zu Deutsch: weiß aus schwarz (also weißer Wein aus dunklen Trauben).

VIN GRIS Bezeichnet blassrosa Wein aus roten Trauben. Ein weiterer Begriff, den man auf einer Flasche lesen könnte, und der bedeutet, dass es ein Roséwein ist.

Die Auswahl im Juli

Bei der Weinprobe in diesem Monat werdet ihr alle populären rosa Weine probieren, auch einen Schaumwein. Kostet und schwenkt und findet heraus, ob euch die trockenen Provence-Stile oder die fruchtigeren, satter roséfarbenen Stile besser schmecken. Unabhängig vom Wein ist eines sicher: Diese hübschen rosa Drinks sind perfekt an einem heißen Sommertag oder als leichter, spritziger Aperitif zu jeder Jahreszeit.

Sparkling Rosé, Kalifornien (€10 bis €15)

Wir möchten einen trockenen rosa Schaumwein, sucht also nach einem, auf dessen vorderem Etikett »Brut« steht oder der auf dem hinteren Etikett als »trocken« beschrieben ist. Wie bei den anderen Schaumweinen ist ein Rosé aus der Champagne teurer als der Sparkling Rosé aus Kalifornien der Spumante aus Italien oder der Rosésekt aus der Pfalz.

Rosé, Provence, Frankreich (€15 bis €25)

Die berühmten Kalk-, Sandstein- und Schieferböden aus dieser Region erschaffen einen mineralischen Roséwein. Er wird vermutlich das hellste Rosa aus dieser Auswahl haben und die Mineralität wird mit Fruchtaromen und -geschmäckern ausgeglichen.

Tavel, Frankreich (€15 bis €20)

Diese Roséweine sind in jeder Hinsicht größer als die aus der Provence. Sie haben eine tiefrosa bis rubinrote Farbe und den höheren Alkoholgehalt, sie sind vollmundiger mit kräftigeren, vielschichtigeren komplexen Geschmäckern und können auch herzhaft sein. Dieser Wein wird von den Roséweinen, die wir in diesem Monat probieren, dem Rotwein am nächsten kommen.

Rosato, Italien (€8 bis €15)

Für die Verkostung in diesem Monat eignet sich ein Vino Rosato (Italienisch für »rosa Wein«) aus einer der folgenden Regionen: Abruzzen, Apulien, Sizilien, Toskana, Venetien. Auch italienischer Roséwein kann über diese herzhaften Charakteristiken verfügen, über die wir geplaudert haben.

Spätburgunder, Weißherbst, Baden (€7 bis €12)

Baden ist das südlichste deutsche Anbaugebiet und hat sich vor allem den Burgundersorten verschrieben. Spätburgunder ist für viele die edelste rote Rebsorte, nicht zuletzt durch die weltberühmten und teuren Pinot Noirs aus Burgund. Wie aus allen roten Trauben, kann man daraus auch einen Rosé herstellen, der in Deutschland oft Weißherbst genannt wird. Spätburgunder Weißherbst ist meistens fruchtig trocken bis halbtrocken und kühl getrunken passend für Grillabende, bei denen auch Salat und Gemüse nicht fehlen sollten.

Rosé aus der Neuen Welt (€8 bis €15)

Eine Flasche Rosé aus den USA (Kalifornien, Oregon, New York), Australien, Chile oder im Grunde von irgendwo außerhalb Europas wird eure Weinprobe in diesem Monat hervorragend abrunden. Sie könnte den provenzalischen Stil nachahmen oder auch nicht. Nur eine Verkostung kann das klären.

Pirat: White Zinfandel aus Kalifornien (€7 bis €15)

Die Farbe im Glas mag ganz ähnlich sein, aber nach einem Schlückchen von diesem zuckerreichen Saft ist so klar wie Kloßbrühe, dass es sich nicht um Rosé handelt.

ANATOMIE EINES WEINKÜHLERS

Wer je gekellnert hat, kennt sich mit den Arbeiten im Hintergrund aus, mit all den kleinen Tätigkeiten, die das Servicepersonal erledigt, bevor und nachdem die Gäste sich zum Speisen niederlassen – Tätigkeiten, die die Gäste nicht sehen. Von meinen ganzen Jahren im Tischservice ist mir nicht das Serviettenfalten in Erinnerung geblieben. Nein, die wichtigste Lektion, die ich bei diesen Hintergrundtätigkeiten gelernt habe, war, wie man den Weinkühler korrekt vorbereitet.

Man füllt ja nicht nur einfach Eiswürfel in einen Eimer. Man soll den Kühler mit zwei Teilen Eis und einem Teil kaltem Wasser bestücken. Das kühlt den Wein viel schneller als nur Eis allein. Es dauert etwa 25 Minuten, eine zimmerwarme Flasche auf die passende Serviertemperatur zu kühlen. Im Kühlschrank dauert es im Vergleich zwei Stunden.

Ist der Kühler mit Wasser und Eis gefüllt, kann man die Flasche leicht und ohne Kraftaufwand herausnehmen und hineingeben. Legt unbedingt eine saubere Serviette über den Kühler, um die Flasche beim Herausnehmen abzuwischen, damit kein Wasser von der Flasche tropft.

Wenn wir gerade dabei sind: Werden Cocktails oder Getränke auf Eis serviert, dann taucht nie ein leeres Glas direkt in einen Weinkühler, um es mit Eis zu füllen. Nehmt immer Zangen, sonst lauft ihr Gefahr, dass ein Glas zerspringt und die nächste Person einen knirschenden Cocktail bekommt.

Die Verkostung

Endlich ist es Zeit, etwas Sommerwasser zu verkosten. Schnappt euch eure Gläser (mit Stiel), versichert euch, dass all eure Flaschen ausreichend gekühlt und für eine Blindverkostung verdeckt sind. Nehmt euch Zeit und findet euren Favoriten unter den Rosés! Viel Vergnügen.

ZEIT UND TEMPERATUR

Wir haben besprochen, dass rosa Wein weder Rot- noch Weißwein, zugleich aber ein bisschen Rot- und ein bisschen Weißwein ist. Aus was für einem Glas solltet ihr also trinken? Rosé kann in Allzweck-Weingläsern oder in Weißweingläsern serviert werden. Diese Weine brauchen keinen großen Kelch, um wie ein Rotwein zu atmen. Wichtiger ist, dass ihr Gläser mit Stiel nehmt. Gläser ohne Stiel sind zwar recht umkippsicher, aber in solchen Gläsern können eure Hände den Kelch zu schnell erwärmen.

Lasst euch nicht von den rötlichen Farbtönen einiger Roséweine in die Irre führen – diese Weine sollte man schön kalt genießen. Lasst sie im Kühlschrank, wie ihr es auch mit Weißweinen tun würdet, und nehmt sie 10 bis 15 Minuten vor dem Servieren heraus. Wir haben Juli, haltet also Weinkühler bereit (zwei Teile Eis, ein Teil Wasser, siehe Seite 164), vor allem, wenn ihr eure Weinprobe im Freien macht.

FARBE Nicht alle Roséweine sind rosa. Diese Weine gehen von fast weiß über gelblich zu pfirsichfarben, neigen zu orange und zur Farbe von Cantaloupe-Melone. Manche können dem Inneren oder Äußeren einer rosa Grapefruit ähneln, den vielen Schattierungen von Rosenblättern, hellen Ballettschuhen und tieferen Tönen wie Kupfer, Fruchtpunsch, Rubin und Lachs.

AROMA Es macht riesig Spaß, an Roséweinen zu riechen. Ihr Duft kann süß und fruchtig sein mit Noten von Wassermelone, Erdbeere, Himbeere, Pflaume, Pfirsich, Cantaloupe- und Honigmelone sowie Zitrus. Auch meersalzige, nussige (wie Mandel) und florale Aromen sind möglich.

GESCHMACK Wenn ihr einen Schluck trinkt, können sich frische rote Früchte wie Kirschen, Beeren, Honigmelone und strahlende Zitrusaromen wie Zitrone und bittere Zitrusaromen wie Orangenschalen allesamt zeigen. Eventuell findet ihr auch Andeutungen von Süße und diese würzigen Elemente wie Meer, Mineralität und Salzigkeit. All eure Rosés dieses Monats müssten schön frisch schmecken, es dürften keinerlei gekochte oder gereifte Aromen präsent sein.

KÖRPER Die Weine der diesmonatigen Auswahl können leicht bis mittelschwer sein. Da die Traubenschalen nicht so viel Zeit mit dem Saft verbringen, enthält der Wein nicht viele Tannine. Da Roséweine aber aus roten Trauben gewonnen werden, sind sie körperreicher als Weißweine.

FINALE Vom Schaumwein bis zum dunkelsten, körperreichsten Rosé wird das Finale kurz bis mittellang sein.

JULI

Rezepte

Rosé

DAS PASST DAZU Rosé liegt gewissermaßen zwischen Rot- und Weißwein und kann so zu vielfältigen Speisen ein angenehmer Begleiter sein. Da es im Juli schon recht warm ist, folgen hier einige Genüsse, für die man nicht allzu viel Zeit in einer heißen Küche verbringen muss. Jeder Appetizer präsentiert die besten Geschmäcker des Sommers. Ihr werdet saftige, gartenfrische Tomaten, Radieschen und reife Beeren kosten, verwandelt in perfekte kleine Speisen, die ihr zu eurem Lieblingswein dieses Monats genießen könnt.

Im Sommer kommt ein Moment, wenn Kirschtomatenpflanzen nur so strotzen vor Früchten, und ein Mensch kann ja nur eine gewisse Menge verspeisen. Dieser Dip ist sehr einfach und gekocht wird gar nicht – einfach alles in den Mixer geben und sich Brot zum Auftunken schnappen.

Gartenfrischer Tomaten-Basilikum-Dip mit Brot vom Grill

ERGIBT 10–12 PORTIONEN

- 350 g gelbe oder rote Kirschtomaten
- 50 g ganze Mandeln oder Pinienkerne, leicht geröstet
- 3 Knoblauchzehen, gehäutet, zerdrückt
- 120 ml Olivenöl nativ extra
- 50 g Parmigiano Reggiano, frisch gerieben
- 4 g frische Basilikumblätter
- grobes reines Meersalz
- Chiliflocken
- 1 Laib Krustenbrot, in Scheiben geschnitten, leicht gegrillt oder geröstet

In der Küchenmaschine oder im Mixer Tomaten, Mandeln und Knoblauch per Intervalltaste pürieren. Bei laufender Maschine das Olivenöl hineinträufeln, bis es komplett eingemischt ist. Käse und Basilikum zugeben, mehrmals die Intervalltaste betätigen und die beiden Zutaten einarbeiten; es sollen noch grüne Stückchen im Dip zu sehen sein.

Mit Salz und Chiliflocken nach Wunsch würzen. Mit gegrillten Brotscheiben servieren.

Ein großes Sandwich zuzubereiten statt vieler kleiner spart Zeit für den Gastgeber. Zudem ist es ein beeindruckender Blickfang und ein sättigender Snack für Gäste, die hungrig kommen. Ganz wichtig bei einem leckeren, großen Sandwich für viele Gäste ist, dass man nur wenige, aber hochwertige Zutaten und hervorragendes Brot verwendet.

Ciabatta-Sandwich mit Schinken und Parmesan

ERGIBT 10–12 STÜCK

50 g ungesalzene Butter, zimmerwarm

1 Ciabatta, längs aufgeschnitten

12 dünne Scheiben hochwertiger luftgetrockneter, nicht geräucherter Schinken

gehobelter Parmesan nach Belieben

Kopfsalat, passend zum Brot klein gerissen

Die Butter großzügig auf die Schnittflächen der Ciabattahälften streichen. Den Schinken in einer gleichmäßigen Schicht auf eine Hälfte fächern. Gehobelten Parmesan und eine gleichmäßig Lage Kopfsalat daraufgeben.

Andere Ciabattahälfte auflegen. Mit einem scharfen Wellenschliffmesser in 10–12 Stücke schneiden. Auf einem Schneidebrett oder einer langen Platte servieren.

Für diesen leichten Appetizer wird eine Butter mit frischen Sommerkräutern zubereitet (vielleicht direkt aus dem Garten, falls vorhanden!). Ich serviere sie gern zu französischen Frühstücksradieschen, denn sie sind recht mild und haben eine lange, schlanke Form. Im Grunde kann man aber alle Arten von Radieschen nehmen.

French-Breakfast-Radieschen mit Kräuterbutter und Salz

FÜR 10–12 PORTIONEN

100 g ungesalzene Butter, zimmerwarm (siehe Anmerkung)

1 TL frischer Estragon, gehackt

1 TL Frühlingszwiebel, gehackt

½ TL frischer Dill, gehackt

½ TL frische Blattpetersilie, gehackt

1 TL Zitronensaft, frisch gepresst

½ TL abgeriebene Zitronenschale

schwarzer Pfeffer aus der Mühle

2 Bund (ca. 24 Stück) französische Frühstücksradieschen, gewaschen, längs halbiert, geputzt; ein wenig vom Blattansatz stehen lassen

2 EL hochwertiges Meersalz

Butter, Estragon, Frühlingszwiebel, Dill, Petersilie, Zitronensaft und -schale sowie Pfeffer in eine kleine Schüssel geben. Mit einer Gabel zerdrücken und gründlich vermengen.

Wenn genug Zeit ist, etwas von dieser Masse auf die halbierten Radieschen streichen und das Ganze vor dem Servieren mit Meersalz bestreuen. Ansonsten einfach die Radieschen auf einer Platte anrichten und die Butter in einem Schälchen und einem Gefäß mit dem Meersalz dazu reichen, sodass die Gäste sich selbst davon nehmen und die Radieschen bestreichen können.

Anmerkung: Wenn die Butter schnell weich werden muss, nicht in die Mikrowelle stellen! Denn dadurch schmilzt vermutlich ein Teil der Butter, aber es wird nicht alles gleichmäßig weich. Stattdessen den Butterblock in kleine Stücke zerteilen, in einen Zip-Gefrierbeutel geben und mit einer Teigrolle weichklopfen. Mit den Händen leicht massieren; die Wärme der Hände hilft beim Erweichen. Nun die Butter aus dem Beutel in eine Schüssel kratzen und abschließend mit einem Holzlöffel bearbeiten.

»Hand Pies« sind gefüllte Teigtaschen. Sie sind handlich und damit ideale Naschereien zum Mitnehmen – daher der Name. Mit Fertigteig geht es erheblich schneller, doch wer gern backt, stellt auf jeden Fall selbst eine Portion Teig für die Taschen her. Die Hand Pies sind mit süßen, reifen Blaubeeren gefüllt, man kann aber auch Beeren mischen oder die Lieblingsbeeren für die Füllung verwenden.

Blaubeer-Zitronen-Hand-Pies mit frischer Schlagsahne

ERGIBT 12 HAND PIES

250 g Blaubeeren

70 g Zucker plus etwas mehr zum Bestreuen

2 EL Maisstärke

1 EL Zitronensaft, frisch gepresst

1 TL abgeriebene Zitronenschale

400 g Fertig-Mürbeteig, gekühlt

1 Ei, verquirlt

Schlagsahne zum Servieren (Rezept folgt)

Hand Pies

Zwei Backbleche mit Backpapier auslegen.

In einer mittelgroßen Schüssel Blaubeeren, Zucker, Maisstärke, Zitronensaft und -schale miteinander vermischen.

Den Teig entrollen; falls es mehrere Rollen sind, nacheinander einzeln verarbeiten. Auf einer leicht bemehlten Arbeitsfläche etwa 200 g Mürbeteig flach ausrollen. Den entrollten Teig in 6 Rechtecke zu je ca. 9 × 11 cm schneiden. 1–2 gehäufte EL Füllung auf eine Seite der Rechtecke geben, die andere Seite darüberfalten und die Ränder zusammenkneifen.

Fortsetzung s. nächste Seite

Die Füllung soll schön und ohne Luftblasen in den darübergefalteten Teigmantel verpackt werden. Den gesamten Fertigteig und die gesamte Füllung so verarbeiten und insgesamt 12 Hand Pies bereiten.

Die Hand Pies auf den vorbereiteten Backblechen verteilen. Die Teigtaschen oben mit einem scharfen Messer einstechen, damit während des Backens Dampf entweichen kann. Die Backbleche 30 Minuten in den Gefrierschrank (oder 1 Stunde in den Kühlschrank) stellen. Von dort aus direkt backen oder in einen Zip-Gefrierbeutel (für ca. 5 l) umfüllen und bis zu 1 Monat im Gefrierschrank aufbewahren.

Den Ofen auf 200 °C Ober-/Unterhitze (Umluft: 180 °C) vorheizen.

Backbleche aus dem Gefrierschrank holen. Jeden Hand Pie mit verquirltem Ei bestreichen und großzügig mit Zucker bestreuen. 30–35 Minuten backen, bis sie goldbraun sind und Bläschen haben. Waren die Hand Pies vor dem Backen vollständig eingefroren, die Zeit um 10–15 Minuten verlängern.

Vollständig abkühlen lassen und mit einem Klacks Schlagsahne, pur oder mit Kräutern aromatisiert, servieren.

Schlagsahne

240 ml Konditorsahne

5 Zweige frischer Lavendel oder 4 g Minzeblätter (optional)

2 EL Puderzucker

Für mit Kräutern aromatisierte Schlagsahne einen kleinen Topf auf mittlerer Stufe aufsetzen, Sahne und Lavendel oder Minze hineingeben und zum Köcheln bringen. Vom Herd nehmen und 30 Minuten bis maximal über Nacht ziehen lassen. Die frischen Kräuter abseihen. Die Sahne komplett abkühlen lassen. Wer die Schlagsahne lieber pur genießt, lässt diesen Schritt aus.

In einer mittelgroßen Schüssel Sahne und Puderzucker mit einem Handmixer oder einem Schneebesen aufschlagen, bis sich mittelsteife Spitzen bilden.

AUGUST

Sauvignon Blanc

Kapitel 8

AUGUST

8

Lange, heiße Sommertage – das ist die perfekte Zeit, um mit einem der säurereichsten Weine Bekanntschaft zu schließen: Sauvignon Blanc.

Nur zu, nehmt einen Schluck. Wartet einen Moment. Fühlt ihr, wie euch das Wasser im Mund zusammenläuft? Das ist die Säure. Und sie schmeckt ja so lecker!

Sauvignon Blanc wurde für den Sommer geschaffen, denn seine Säure macht ihn so erfrischend. (Denkt daran, wie herrlich Zitronenlimonade einem den Mund zusammenzieht, dann habt ihr eine Vorstellung davon.) In diesem Monat stoßt ihr, während ihr euren Sauvignon Blanc im Glas schwenkt und probiert, auch auf andere originelle Eigenschaften und Aromen von Wein, die – wie die Säure – als wünschenswert gelten.

Über Sauvignon Blanc

Als Erstes lernen wir die Aussprache dieses Weins. »Sauvignon« wird genauso gesprochen wie in Cabernet Sauvignon (ßo-wi-NJONG). »Blanc« spricht man »bloonk« (mit einem harten k am Ende). Kümmert euch unbedingt um die richtige Aussprache; so sprechen alle Leute es aus, nicht nur Weinsnobs.

Fumé Blanc (Fü-MEH bloonk) ist eine andere Bezeichnung für diese Rebsorte. In den späten 1960er-Jahren, als man Sauvignon Blanc für einen eher minderwertigen, lieblichen Wein hielt, begann der amerikanische Winzer Robert Mondavi, seine Sauvignon-Blanc-Weine Fumé Blanc zu nennen. Das sollte ausdrücken, dass es ein trockenerer Wein nach dem Vorbild von Sauvignon Blancs aus Frankreich war. Den Namensteil »Fumé« nahm er von Pouilly-Fumé, einem Sauvignon Blanc, der im französischen Loiretal erzeugt wurde. Wenn ihr dies auf dem Etikett lest, wisst ihr, dass Fumé Blanc schlicht dasselbe ist wie Sauvignon Blanc. Bei einigen amerikanischen und neuseeländischen Weinerzeugern hat der Name sich gehalten, doch im Rest der Welt heißt er Sauvignon Blanc. Also, außer in Frankreich.

Eiche oder keine Eiche

Die meisten kalifornischen Sauvignon Blancs werden im Bordeaux-Stil erzeugt, das bedeutet, sie sehen im Laufe ihres Lebens Eiche und werden normalerweise mit einer weiteren weißen Traube namens Sémillon verschnitten. Meiner Meinung nach werden allerdings die besten Dinge am Sauvignon Blanc – Säure und Knackigkeit – durch die Zeit im Eichenfass abgemildert. Reife im Eichenfass bedeutet, der Wein ist zurückhaltender – zumindest scheu, was die Säure betrifft. Und: Je weniger Arbeitsaufwand (Zeit für die Fassreife), desto niedriger der Preis pro Flasche, deswegen erfreuen im Edelstahltank vergorene Weine auch euer Portemonnaie.

Wenn ihr nach diesem Zitrusrausch sucht und auf der Etikettrückseite lest, dass der Wein ein Eichenfass auch nur gestreift hat, dann stellt ihn wieder ins Regal. Nehmt dann einen aus Neuseeland, Australien, Chile oder Südafrika. Andererseits könntet ihr merken, dass euch der elegantere, rundere Stil, der durch den Kontakt mit Eiche entsteht, besser schmeckt. Ihr wisst nicht, was ihr mögt? Nehmt für diese Verkostung einen kalifornischen Sauvignon Blanc hinzu, der im Eichenfass war. Dann könnt ihr alle entscheiden.

Schnäppchen von der Südhalbkugel

Sauvignon Blancs aus Australien, Neuseeland, Chile und Argentinien haben lustige Etiketten und verspielte Geschmacksprofile und sie kosten nicht viel. Oftmals kann man tatsächlich mehrere verschiedene Flaschen zu dem Preis kaufen, den man für eine einzige Flasche aus dem Loiretal hinblättern würde.

Die Preise für Sauvignon Blanc aus Australien und Neuseeland steigen derzeit. Falls ihr Weine aus dem unteren Preissegment sucht, schaut euch die aus Chile und Argentinien an. Unter 15 Euro kann man noch immer so einige finden. Und habt kein schlechtes Gefühl, wenn ihr billigen Wein kauft! Billiger Wein ist sehr gut, solange euch gefällt, wie er schmeckt. Ich erwähne billigen – das bedeutet, nicht teuren – Wein, wenn von Sauvignon Blanc aus Chile und Argentinien die Rede ist, weil es einfach so viele gibt!

Sobald allerdings entdeckt wird, dass preisgünstige Weine köstlich sind, kann man natürlich darauf wetten, dass sich ihr Ruf wie ein Lauffeuer ausbreitet, und dann ist Schluss mit den Angebotspreisen. Seid also unbedingt dabei und trinkt diese Sauvignon Blancs, solange sie noch Schnäppchen sind.

Je besser der Ruf, desto höher der Preis gilt natürlich auch für deutsche Sauvignon Blancs. Die Rebsorte wurde zwar erst vor ca. 25 Jahren in Deutschland zugelassen, ist heute aber schon in den Top Ten der am meisten angebauten Rebsorten angelangt und spaltet die Weinfreunde: Unser kühleres Klima begünstigt eine sehr intensive Ausprägung der Aromen, was die einen jubeln lässt, andere aber als »too much« ablehnen. Sauvignon Blanc ist auf jeden Fall eine der am leichtesten zu erkennenden Rebsorten!

Wenn eure Veranstaltung konsequent im Freien stattfindet, bewahrt die Flaschen an einem schattigen Ort in Weinkühlern auf. Bereitet die Weinkühler aber korrekt vor (siehe Seite 164), sonst lernt ihr eine denkwürdige Lektion auf die harte Tour.

Weinsprache

KNACKIG Beschreibt ein Mundgefühl und ein Finale, so lebendig und spritzig, als würde man in einen säuerlichen Granny-Smith-Apfel beißen.

GRASIG Beschreibt ein Aroma nach frisch geschnittenem Gras. Ein »grasiges« Aroma kann auch Düfte nach frischen Kräutern oder sogar Spargel oder grünen Bohnen anklingen lassen.

SAUTERNES Ein Dessertwein aus Bordeaux. Er wird hauptsächlich aus der Traube Sauvignon Blanc verschnitten mit Sémillon bereitet.

SÉMILLON Eine weiße Traube, in Bordeaux und Kalifornien oft mit Sauvignon Blanc verschnitten, um dem Wein ein üppigeres Mundgefühl, ein Honigaroma und ein halbtrockenes Finale zu verleihen.

APPELLATION

Eine Appellation ist ganz einfach der Ort, von dem die Trauben des Weins kamen, den man gerade trinkt. Wir haben besprochen, dass auf den meisten Etiketten von französischen Weinen und anderen Weinen der Alten Welt nicht angegeben ist, aus welcher Rebsorte der Wein bereitet wurde. Der Grund ist, dass französische Weine normalerweise mit einem geografischen Namen bezeichnet werden. Anstatt also »Chardonnay« oder »Pinot Noir« liest man »Chablis« oder »Burgund«, beides Weinanbauregionen oder eben Appellationen. Das bedeutet, man kann eine Flasche Wein aus Frankreich anschauen, dann eine Frankreichkarte, und erkennen, wo der Wein erzeugt wurde.

Von diesem Punkt aus lässt sich einfacher als man vielleicht glaubt entschlüsseln, aus welcher Traube der Wein bereitet wurde: In Frankreich (und Italien und anderen Ländern, die mit diesem System arbeiten) müssen Weine aus einer definierten Appellation aus bestimmten Rebsorten erzeugt werden. Chablis-Weine werden immer aus Chardonnay-Trauben hergestellt, Burgunder-Rotweine aus Pinot Noir und so weiter.

Zum Glück muss man keine Appellationen und die entsprechenden Rebsorten auswendig lernen, um ein Weinliebhaber zu sein. Was ihr aber vielleicht möchtet: lernen, welche Rebsorten sich hinter welchen Appellationen verbergen, damit ihr wisst, welche Sorten ihr mögt.

Wie erfährt man, wie Appellationen und Rebsorten, die man gern trinkt, einander zuzuordnen sind? Die meisten Weinhändler können einem die richtige Richtung weisen – sie reden nur allzu gern über solche Dinge!

Die Auswahl im August

In diesem Monat verkostet ihr Sauvignon Blanc aus dem französischen Loiretal, aus Kalifornien, Australien und Neuseeland nebeneinander und ihr werdet staunen, wie sehr sich ein Herkunftsgebiet (beziehungsweise die Appellation – seht ihr, ihr seid schon richtige Weinkenner!) auswirkt. Hier kommt eine Auswahl aus allen Kategorien und sie wird zeigen, wie Sauvignon Blanc auf der ganzen Welt strahlt.

Pouilly-Fumé, Frankreich (€15 bis €25)

Diese Weine sind nach einem Gebiet im französischen Loiretal benannt und werden ausschließlich aus Sauvignon Blanc bereitet. Fumé ist Französisch für »rauchig« und diese Weine besitzen ein angenehmes Aroma nach Rauch oder Feuerstein. Sie sind körperreicher als diejenigen aus Sancerre.

Sancerre, Frankreich (€15 bis €25)

Dieser Wein ist ebenfalls nach einem Gebiet im französischen Loiretal benannt und ausschließlich aus Sauvignon-Blanc-Trauben bereitet. Er ist tendenziell etwas schlanker oder leichter als Pouilly-Fumé.

Sauvignon Blanc, Kalifornien (€15 bis €30)

Mit kalifornischem Sauvignon Blanc kommen die typischen Zitrusaromen ins Glas, man findet jedoch auch Banane, Cantaloupe-Melone, Pfirsich, Aprikose und andere Melonen. Diese Weine neigen zu einem volleren Körper als die schlankeren Sancerre-Weine.

Sauvignon Blanc, Neuseeland und/oder Australien (€15 bis €30)

Eine meiner Lieblingsregionen überhaupt für Sauvignon Blanc ist Marlborough in Neuseeland. Dieser Hotspot ist zu einem Mekka für Weinliebhaber erblüht, als Sauvignon Blanc in den späten 1970er-Jahren aus seinem steinigen Boden schoss. Heute gedeihen hier zwei Drittel der Sauvignon-Blanc-Trauben des Landes. Diese Weine vermitteln einen perfekten Eindruck von den »Zitrusattacken«, die die Sauvignon-Blanc-Fans so lieben.

Chile und Argentinien (€10 bis €20)

Mit Weinen aus diesen beiden Regionen kann man wahre Glückskäufe tätigen. Die hiesigen Weine sind nicht so direkt und kraftvoll wie die neuseeländischen. Sie werden fruchtiger sein als die französischen und mehr auf Linie mit dem Stil der Neuen Welt.

Pirat: Vouvray aus Frankreich (€12 bis €30)

Wie Sancerre und Pouilly-Fumé kommt Vouvray aus dem Loiretal, wird jedoch aus der Rebsorte Chenin Blanc bereitet. Dies ist eine gute Möglichkeit, den Unterschied zwischen zwei Trauben zu erleben und eine weitere berühmte Sorte aus diesem Teil der Erde kennenzulernen. Außerdem ist Vouvray einfach ein herrlicher Sommerwein – jetzt ist also der richtige Moment, ihn zu entdecken. Vouvray-Weine sind sehr unterschiedlich im Stil, je nachdem, wie lange die Wachstumsperiode dauert. Je länger die Trauben am Weinstock sind, umso süßer werden sie. Ich rate zu einem Wein, auf dessen Etikett »sec« (trocken) oder »demi-sec« (halbtrocken) steht. Beide sind lieblicher als Sauvignon Blanc; wenn ihr also einen lieblicheren Wein in der Auswahl ausmacht, habt ihr wahrscheinlich den Piraten gefunden.

Die Verkostung

Nur zu – nehmt einen Schluck. Sobald euch das Wasser im Mund zusammenläuft, werdet ihr wissen, warum dieser Wein für seine Säure berühmt ist. Sicherlich wollt ihr noch einen Schluck nehmen und noch einen und noch einen …

In der Zwischenzeit hier ein paar Dinge, die euch außerdem auffallen könnten.

ZEIT UND TEMPERATUR

Manche sagen, Sauvignon Blanc trinkt man idealerweise innerhalb von drei bis fünf Jahren ab dem Datum auf der Flasche, meine halten allerdings selten so lange. Sauvignon Blanc lässt sich lagern (auch einkellern genannt); kalifornischer, in Eiche gereifter Sauvignon Blanc und viele Weine aus dem Loiretal haben genug Struktur und können vor dem Genuss ein paar faule Jährchen vertragen. Aber im Allgemeinen sage ich zum Thema Sauvignon Blanc: Trinkt den Wein von diesem Jahr in diesem Jahr und den vom nächsten Jahr, sobald man ihn entkorken kann. Es wird empfohlen, Sauvignon Blanc bei ca. 6,5 °C bis 12 °C zu servieren. Es ist aber nun nicht nötig, ein Thermometer ins Weinglas zu halten. Die meisten Kühlschränke zu Hause dürften auf etwas zwischen 3,5 °C und 5,5 °C eingestellt sein, ihr könnt ihn also ruhig direkt im Kühlschrank kühlen, wenn ihr euch Sorgen um die Temperatur macht. An einem heißen Sommertag ein paar Runden geschwenkt, schon ist der Wein angewärmt und die Aromen werden sich allmählich zeigen.

FARBE Sauvignon Blanc kann so klar wie Wasser sein. Ein Hinweis also, dass ihr Sauvignon Blanc trinkt und nicht H_2O sind diese dünnen, wässrigen Tränen. (So nennen wir die Schlieren aus Weintropfen, die sich nach dem Schwenken innen an der Glaswand bilden. Weine mit leichterem Körper haben dünnere oder wässriger aussehende Tränen, siehe Seite 52). Was die Farbe angeht, werdet ihr nicht viel mehr sehen als eine Nuance, und eine grüne Nuance ist ein Hinweis auf diese Traube. Andere Worte im Zusammenhang mit Farbe, die zur Beschreibung dieses Weins fallen, sind grüngelb, blassgelb, butter-, stroh- und goldfarben. Tendiert sie mehr zum goldfarbenen Ende des Spektrums, ist es mehr als wahrscheinlich, dass dieser Wein Eiche gesehen hat. Unabhängig von der Farbe sollte der Wein klar und frei von Ablagerungen sein.

AROMA Die Aromen werden durch die Bank etwas von den für diesen Wein typischen Grapefruitaromen haben, und der Wein wird insgesamt zitrussiger sein als Chardonnay. Vielleicht findet ihr leicht rauchige Noten im Pouilly-Fumé aus dem Loiretal; er verdankt sie dem dortigen Boden. Zitrone, Limette, Heu, grüne Früchte, tropische Früchte, Mineralien, Katzenurin (ja, Katzenurin), kräuterige Aromen, Spargel und Stachelbeeren sind alle charakteristisch für diese Rebsorte, genau wie ein typischer Sommerduft: frisch gemähtes Gras. Erinnert euch daran, wenn ihr den Wein schwenkt und probiert, und mit Sicherheit werdet ihr euch bei der Beschreibung der Weinaromen das Wort »grasig« sagen hören. Sauvignon Blanc aus Kalifornien wird womöglich mehr Duft nach Banane, Aprikose oder Melone abgeben. Diese Weine werden generell im Eichenfass ausgebaut und oft mit Sémillon verschnitten. Diese Traube macht den Wein körperreicher und bricht die Säure, normalerweise mit einem Hauch Süße. Sauvignon-Blanc-Weine aus Neuseeland, Australien, Chile und Südafrika werden grüner und grasiger sein als Weine aus Frankreich oder Kalifornien.

GESCHMACK Beim Verkosten der Weine aus dem Loiretal und aus Neuseeland wird euer Mund erfüllt vom Geschmack nach säuerlichen grünen Äpfeln. Ihr riecht zwar Zitrus, doch ihr schmeckt definitiv grünen Apfel. Bei den kalifornischen werdet ihr reife grüne Melone schmecken, Zitrus, Cantaloupe-Melone und Pfirsich. Wenn ihr eine leichte Honignote wahrnehmt, so sticht höchstwahrscheinlich die Traube Sémillon heraus.

KÖRPER Sauvignon Blanc hat meistens einen mittleren Körper. Ihr werdet bemerken, dass die Weine aus dem Loiretal, aus Neuseeland und aus Australien reiner und knackiger sind als die kalifornischen. Wie gesagt: Die Reife im Barriquefass und/oder das Verschneiden mit einem Anteil Sémillon-Trauben macht sie körperreicher.

FINALE Die Säure in diesem Wein kann ein sehr langes Finale ergeben, doch urteilt selbst. Nach dem Schlucken läuft euch das Wasser im Mund zusammen, es läuft innen an den Wangen zusammen und der ganze Gaumen kribbelt, womöglich länger als 10 Sekunden – das Finale ist lang. Fühlt sich der Wein mehr nach Wasser an, rinnt über die Zunge und verschwindet spurlos den Hals hinunter, dann ist es ein sehr kurzes Finale.

AUGUST

Rezepte

Sauvignon Blanc

DAS PASST DAZU In diesem Monat betonen wir die Säure des Sauvignon Blanc und nutzen zugleich die fantastischen Produkte des Sommers. Weil es im August normalerweise höllisch heiß ist, sind die kleinen Leckereien, die ich ausgewählt habe, einfach und so konzipiert, dass ihr nicht in die Küche müsst.

Immer, wenn ich Tomaten auf einem Olivenschiffchen serviere, bekomme ich Komplimente dafür. Olivenschiffchen findet man in den meisten Haushaltswarenläden oder Geschäften für Küchenausstattung. Es ist nicht nur eine andere Präsentation dieser saftigen Trauben- und Kirschtomaten, sondern auch ein leckerer Snack, der im Nu vorbereitet ist.

Tomaten und Meersalz als Bar-Snack

FÜR 10–12 PORTIONEN

Olivenöl nativ extra

24 rote Kirsch- oder Traubentomaten

grobes Salz, zum Beispiel reines grobes Meersalz, normales Meersalz oder Fleur de Sel

Ein wenig Olivenöl auf den Boden eines Olivenschiffchens geben und eine Reihe Tomaten direkt darauflegen. Mit Zahnstochern und etwas grobem Salz in einem Schälchen servieren. Die Gäste sollen sich eine Tomate aufspießen und einfach leicht in das Salz stippen, sodass die Unterseite damit überzogen ist.

Brochettes mit Melone, Serranoschinken, Mozzarella und frischem Basilikum

Brochette ist nur ein Angeberwort für »Spieß«, diese oberleckere Kombination verdient nämlich einen angemessenen Namen. Man braucht 12 Holzspieße à 10 cm.

ERGIBT 12 SPIESSE

1 kleine reife Cantaloupe-Melone, ohne Schale, ohne Kerne, in 24 Stücke à 4 cm geschnitten

24 frische Basilikumblätter

6 Scheiben Serranoschinken, geviertelt

12 kleine Mozzarellakugeln

Olivenöl nativ extra zum Beträufeln

grob gemahlenes Salz zum Bestreuen

Die Spieße nacheinander folgendermaßen bestücken: 1 Stück Cantaloupe-Melone, 1 Basilikumblatt, 1 gerafftes Stück Serranoschinken, 1 kleine Mozzarellakugel, noch 1 Blatt Basilikum, wieder 1 Stück Schinken und 1 Stück Melone. Mit allen 12 Spießen wiederholen.

Auf einer Platte anrichten, mit sehr gutem Olivenöl nativ extra beträufeln und mit grobem Salz bestreuen. Abdecken und bis zum Servieren in den Kühlschrank stellen.

Kürbis auf einer Pizza klingt vielleicht komisch, aber diese Kombi mit Mais, Ziegenkäse und Pesto ist ein Knaller. Das Ziel ist, in der Küche wenig Arbeit zu machen. Wer jedoch keinen Zugang zu einem Grill hat, schmeißt die Klimaanlage an, der Backofen wird's richten.

Pizza mit gegrilltem Sommerkürbis, Mais, Ziegenkäse und Pesto

ERGIBT 1 PIZZA

Belag

- 2 Maiskolben, ohne Maishaar
- 1 EL Olivenöl nativ extra
- grobes reines Salz
- schwarzer Pfeffer aus der Mühle
- 60 g gelber Kürbis, in Scheiben geschnitten (sichelförmig)
- 60 g Zucchinischeiben (halbiert)

Pesto

- 50 g Basilikumblätter
- 30 g Pinienkerne
- 2 Knoblauchzehen
- 60 ml Olivenöl nativ extra
- grobes reines Salz
- schwarzer Pfeffer aus der Mühle

Den Ofen auf 260 °C Ober-/Unterhitze (Umluft: 240 °C) vorheizen.

Für den Belag: In einem großen Topf auf hoher Stufe Wasser zum Kochen bringen, die Maiskolben hineingeben und 2–3 Minuten kochen. Herausnehmen und unter fließendem kalten Wasser abkühlen. Die Körner abschneiden und die Strünke entsorgen. Körner mit dem Olivenöl vermengen und mit Salz und Pfeffer würzen. Beiseitestellen.

In einer großen Schüssel den gelben Kürbis und die Zucchini mit etwas Salz vermengen. Beiseitestellen.

Für das Pesto: In der Küchenmaschine Basilikum, Pinienkerne und Knoblauch per Intervalltaste gleichmäßig zerkleinern. Bei laufender Maschine das Olivenöl zugießen und zu einer geschmeidigen Masse verarbeiten. Mit Salz und Pfeffer würzen.

Pizza

Hartweizenmehl
für das Pizzablech

450 g fertiger Pizzateig, aufgetaut, oder 2 große Fladenbrote

100 g Ziegenkäse, zerkrümelt

1 EL Olivenöl nativ extra

1 Handvoll Basilikumblätter, fein geschnitten

Pizza fertigstellen: Einen Pizzaschieber großzügig mit Hartweizenmehl bestreuen, damit die Pizza nicht ansetzt. Den Pizzateig in einen Kreis mit ca. 35–40 cm Durchmesser dehnen und auf den vorbereiteten Pizzaschieber legen.

Zubereitung im Backofen: Den Teig 10 Minuten vorbacken, bis er leicht goldfarben ist (er ist jetzt noch nicht durchgebacken). Herausnehmen und das Pesto darauf verteilen; dabei einen Rand von 2,5 cm frei lassen. Kürbis, Zucchini, Mais und Ziegenkäse gleichmäßig auf dem Pesto verteilen. Backen, bis der Käse geschmolzen ist (ca. 10 Minuten).

Zubereitung auf dem Grill: Den Grill sehr hoch vorheizen und den Rost leicht mit Pflanzenöl einfetten. Den gedehnten Teig vom Pizzaschieber direkt auf den heißen Gitterrost schubsen. Den Deckel schließen und 2–4 Minuten grillen, bis der Teig beginnt, sich aufzublähen und an der Unterseite etwas goldbraun ist. Vom Grill nehmen und wenden. Die gegrillte Seite wie oben angegeben belegen. Wieder auf den Grill geben und den Deckel für 3–5 Minuten schließen, bis der Käse geschmolzen, der Kürbis etwas gebräunt und die Kruste an der Unterseite komplett braun ist.

Die Pizza zum Schluss mit etwas Olivenöl beträufeln und mit Basilikum garnieren. In 10 Stücke schneiden und servieren.

Wenn es je ein Wassereis für Erwachsene gegeben hat, dann wohl dieses. Für Granitas braucht man kein spezielles Equipment wie beispielsweise eine Eismaschine, der Mixer erledigt die ganze Schwerarbeit. Wer Eindruck schinden will, serviert diese Granita portioniert in Dessertschälchen (noch besser in Champagnerkelchen oder Dessertwein-Gläsern).

Scharfe Ananas-Mango-Granita

FÜR 10–12 PORTIONEN

- 100 g Zucker
- 240 ml Wasser
- 1 Serrano-Chilischote, ohne Stiel, längs halbiert
- 350 g frische Ananasstücke (etwa 1 große reife Ananas, geschält, ohne Strunk, klein geschnitten)
- 2 EL Limettensaft, frisch gepresst, durch ein Sieb gegossen
- 210 g frische Mango, fein gewürfelt
- ½ TL grob gemahlenes Salz
- ½ TL Chilipulver

In einem kleinen Topf auf mittlerer Stufe 240 ml Wasser, Zucker und Serrano-Chili aufkochen und 5 Minuten köcheln lassen. Abgießen und Serrano-Chili entsorgen.

Diesen Sirup mit Ananas und Limettensaft in einen Mixer geben. Zu einem glatten Mus pürieren.

In einer anderen Schüssel Mango, Salz und Chilipulver vermengen.

Das pürierte Gemisch in eine 23 × 33 cm große Auflaufform geben. Gewürzte Mango unterziehen und die Form ins Gefrierfach stellen. Nach 45 Minuten das Gemisch mit einer Gabel durcharbeiten und wieder ins Gefrierfach stellen. Alle 30 Minuten mit der Gabel durcharbeiten, bis es komplett durchgefroren und eisförmig ist. Dies kann bis zu 2,5 Stunden dauern. Kann bis zu 4 Wochen in einem tiefkühlgeeigneten Behälter im Gefrierfach aufbewahrt werden.

Erdbeer-Shortcakes mit Vanillecreme und Balsamicosirup

Das ultimative Sommer-Dessert ist Erdbeer-Shortcake. Hier wird der biskuitartige Shortcake durch (gekaufte) Shortbread-Cookies ersetzt und der Ofen bleibt kalt. In der entsprechenden Jahreszeit sind süße Erdbeeren der Clou bei diesem Dessert. Wenn die Erdbeeren nicht süß und reif sind, dieses Rezept auslassen und etwas anderes zubereiten.

ERGIBT 12 SHORTCAKES

240 ml Konditorsahne

1 TL Vanilleextrakt

1 EL Puderzucker

12 Shortbread-Cookies

Balsamicocreme zum Beträufeln (siehe Anmerkung)

12 kleine oder 6 große Erdbeeren, geputzt, in Scheiben geschnitten

Anmerkung: Balsamicocreme ist lediglich Balsamicoessig, der um die Hälfte reduziert ist und dadurch eine sirupartige Konsistenz hat. Entweder gekaufte Creme verwenden oder selbst herstellen.

In einer mittelgroßen Schüssel Konditorsahne, Vanille und Puderzucker mit einem Handmixer oder einem Schneebesen aufschlagen, bis sich steife Spitzen bilden.

Auf jeden Shortbread-Cookie 1 EL geschlagene Sahne geben. Mit Balsamicocreme beträufeln. Erdbeerscheiben gefächert auf die Sahne legen. Sofort servieren und die übrige Sahne in einer Schale dazureichen oder vor dem Servieren bis zu 2 Stunden im Kühlschrank aufbewahren.

SEPTEMBER

Natur-weine

Kapitel 9

SEPTEMBER

9

September, das ist der Übergang von den sorglosen Sommertagen zu strukturierteren Herbstgewohnheiten. Die Sonne geht früher unter, wir tauschen unsere Flip-Flops gegen Strümpfe und Schuhe und die Sommer-Vibes verklingen allmählich. Die Weinparty sorgt in diesem Monat für ein bisschen Spaß und zum Sommerausklang beschäftigen wir uns mit ein paar rohen und wilden Naturweinen.

Dies ist eine Weinkategorie für unangepasste Weintrinker. Die Idee ist nicht neu, ihr Fokus auf einer Weinerzeugung, bei der Mensch und Maschine nur minimal eingreifen, ist tatsächlich uralt. Heutzutage hat diese Kategorie eine ganz eigene Kultur, verstärkt durch ihre nerdige Gesellschaft aus Hipstern, Künstlern und Köchen. Den Hype um diese esoterischen Weine macht – neben dem Geschmack – der Kick bei der Jagd nach diesen seltenen Flaschen aus. Es ist eine Art Underground-Weinkultur und ihr werdet nun ein Teil davon. Stellt euch darauf ein, etwas zu recherchieren, selbst ein wenig auf die Jagd zu gehen und vielleicht sogar online zu shoppen. Also: Fasten your seatbelts – die Verkostung dieses Monats wird wild.

Über Naturweine

»Naturwein«. Klingt merkwürdig? Ist es auch. Es ist ein verwirrender Begriff für eine verwirrende Weinkategorie. Es stimmt, jeder Wein beginnt mit Natur – Pflanzen, Boden, Regen und etwas Sonne (also Terroir) et voilà, daraus wird Wein gemacht. Und das ist, was den Naturwein ausmacht. Das Motto von Naturwein lautet: nichts hinzugefügt, nichts entzogen.

Bei den meisten Weinen, die ihr bisher in diesem Jahr verkostet habt, hat ein Winzer in irgendeiner Art und Weise eingegriffen, bevor der Wein im Glas landete. Technisch und rechtlich gibt es diverse Zusatzstoffe (seit Dezember 2023 sind in der EU bei Weinen genauso wie bei anderen Lebensmitteln Nährstoffe, Zusatzstoffe und Allergene auf dem Etikett anzugeben), die im Wein enthalten sein können. Außerdem wird er auf alle möglichen Arten mit moderner Technik und maschinell verarbeitet. Ein üblicher Prozess, den Wein durchläuft, ist das »Klären«, und zwar zum Beispiel durch »Schönen« oder »Filtration«. Dies macht den Wein im Wesentlichen für uns – das allgemeine Völkchen der Weintrinker – trinkbar. Bei diesen Prozessen werden Schlieren und Glibber entfernt, und so sieht das, was wir letztlich sehen, klar und sauber aus; nichts schwimmt im Wein herum. Bei Naturweinen ist trüb völlig in Ordnung und das Unschöne gehört zum Spaß dazu.

Was macht nun einen Wein zum »Naturwein«? Zwei Hauptsachen muss man sich merken:

1. Sie sind immer frei von Zusatzstoffen und Chemikalien.
2. Bei der Weinbereitung gibt es keinerlei technische Manipulation.

Sieh mich an

Seid nicht überrascht, wenn ihr in diesem Monat zu eurem Stammweingeschäft geht und keinen Bereich mit Naturweinen findet. Besser sortierte Läden im höheren Preissegment werden eine größere Auswahl haben, aber die meisten Geschäfte führen nur eine Handvoll solcher Weine. Wenn ihr welche findet, fällt euch vermutlich als Erstes die Bandbreite von supercoolen, künstlerischen und freigeistigen Etiketten auf. Manche tragen die Bezeichnung »Naturwein« direkt auf dem Etikett. Wenn euer Weinladen eine Bio-Abteilung hat, könntet ihr dort Glück haben. Viele Flaschen zeigen nur die notwendigen Informationen und zusätzlich vielleicht ein Bild oder ein handgeschriebenes Etikett mit der schlichten Bezeichnung »Wein«. Die Winzer nehmen euch nicht an die Hand, es ist gewissermaßen eine Vertrauensfrage, denn gesetzliche Regelungen für diese Weinstile gibt es – noch – nicht. Die Winzer sehen es so: Wenn sie es in die Flasche füllen, solltet ihr es probieren. Im Grundsatz sollt ihr also nicht zu viel über eure Getränke nachdenken..

Hat man eine Flasche zum Probieren gefunden, ist es Zeit, herauszufinden, was es mit diesem ganzen Hype auf sich hat. Zu den Schlagworten für Naturweine zählen die typischen Varianten der Weinfarbe, über die wir in den letzten Monaten gesprochen haben, ihr werdet dem verbalen Repertoire in diesem Monat aber auch Begriffe wie wolkig, braun und oxidiert (siehe Seite 96) hinzufügen wollen. Sieht der Wein braun aus, so bedeutet das normalerweise, dass er schlecht ist. In diesem Fall sind die bräunlichen Nuancen hingegen kein Indikator für überhitzten Wein (siehe Seite 49). Wolkig ist hier normal. Sie sind mitunter aber auch klar abgefüllt, wenn ein Winzer beschließt, den wolkigen Teil vor der Flaschenabfüllung auf natürliche Weise sich unten absetzen zu lassen. Und viele Naturweine können Ähnlichkeit mit den anderen Weinen haben, die ihr getrunken habt.

Vom Etikett bis zur Verkostung werdet ihr vielleicht bemerken, dass Anmut, Manieren und Protokoll bei Naturweinen keine oberste Priorität haben. Aber Ritual, Romantik und Weinmystik sind in diesen vin vivants sehr präsent.

Über die Rebsorten

Mehr als bei jeder anderen Weinkategorie begegnet man bei Naturweinen Sorten, die weniger bekannt sind. Namen wie Carignan, Charbono, Cartoixà Vermell, Godello, Mauzac, Malagousia, Nascetta … Im Grunde alle Rebsorten, von denen ihr zuvor noch nie gehört habt. Naturweine bringen nicht nur vergessene Rebsorten zurück, sie bringen auch überall auf der Welt Licht und Liebe zurück in alte Weinberge. Durch das Wachstum in dieser Kategorie entdecken New York, Kalifornien, Australien, Chile, die Tschechische Republik, Georgien, Slowenien, Spanien, Deutschland, Österreich, Italien und Frankreich sowie viele andere Orte Rebsorten neu, die ansonsten ausgestorben wären, und schützen sie.

Trink mich

Beim Erkunden von Naturweinen könntet ihr euch ein bisschen wie Alice im Wunderland mit ihrem Fläschchen, auf dem »Trink mich« steht, fühlen. Für diese Weine ist »Trink mich« alles an Anweisung, was man braucht – es gibt keinen Standard, also gibt es auch keinen Wein als Vergleich. Während bereits bei der herkömmlichen Weinbereitung das Motto »weniger ist mehr« lautet, gilt dies bei der Herstellung von Naturweinen umso mehr.

BIO VERSUS NATUR Naturwein ist bio, das heißt, er wird aus Trauben bereitet, die ohne Chemikalien und Pestizide angebaut werden. Um das Label »Bio« zu erhalten, müssen auch alle Zutaten, die in der Weinbereitung verwendet werden, biologisch produziert sein, einschließlich der Hefe. Es dürfen auch keine Sulfite zugesetzt werden (Sulfit ist ein übliches Konservierungsmittel in der Weinbereitung). Allerdings sind nicht alle Bioweine Naturweine. Der Unterschied ist, dass Bioweine umfangreichen Verarbeitungstechniken unterzogen werden können und Naturweine nicht. Bei Naturweinen ist das Ziel, dass der Mensch so wenig wie nur möglich eingreift.

BIODYNAMISCH VERSUS NATUR Biodynamischer Weinbau ist eine ganzheitliche Methode, die den landwirtschaftlichen Hof als Ganzes betrachtet und sich auch nach Mond und Sternen richtet. Biodynamische Landwirtschaft folgt dem sogenannten »biodynamischen Kalender«, in dem die Tage mit den Elementen im Einklang stehen: Erde, Feuer, Luft und Wasser. Den Tagen werden dann landwirtschaftliche Aufgaben zugeordnet, es gibt unter anderem Fruchttage (ideal für die Ernte), Wurzeltage (Zeit zum Schneiden), Blatttage (Zeit zum Wässern) und Blütentage (Ruhezeit für den Weinberg). Um als biodynamisch zertifiziert zu sein, dürfen keine synthetischen Chemikalien einschließlich Herbiziden oder Pestiziden im Weinberg zum Einsatz kommen und bei der Weinbereitung dürfen keine Säure, kein Zucker und keine Enzyme zugesetzt werden. Alle biodynamischen Weine sind bio, aber nicht alle sind Naturweine. Sobald biodynamische Trauben geerntet sind, darf in der Weinbereitung Technik zum Einsatz kommen.

Der springende Punkt ist also: Alle Naturweine sind bio und können biodynamisch sein, aber Bioweine und biodynamische Weine sind nicht notwendigerweise Naturweine.

Ernüchterndes über Naturwein-Mythen

Mythos #1

NATURWEIN IST GESUND. Im Naturwein sind weniger Chemikalien und Zusatzstoffe – sie haben weniger Zucker, können vegan sein, können zu einer Paläo- oder Keto-Ernährung passen, können weniger Alkohol haben. Je nach der eigenen Definition von »gesund« können sie also die bessere Wahl sein. Für Menschen mit Schwefelallergie oder -unverträglichkeit ist es vielleicht gut zu wissen: Naturweine haben einen geringen Sulfitgehalt (wer Trockenobst essen kann, ist nicht gegen Sulfite allergisch); bedenkt aber, dass alle Weine natürlicherweise Sulfite aus der Gärung enthalten.

Mythos #2

ALLE NATURWEINE SCHMECKEN NACH APFELWEIN. Manche Naturweine schmecken einfach wie gute alte normale Weine. Da die Gärung langsamer vonstattengeht, begegnet man diesen sauren, cidre-/kombuchaartigen Eigenschaften oft, aber wie gesagt kann nichts auf alle Weine dieser Kategorie angewendet werden. Mit einer Ausnahme: Alle sind einzigartig.

Mythos #3

NATURWEIN HAT IMMER EINEN NIEDRIGEN ALKOHOLGEHALT (VOLUMENPROZENT). Manche haben lediglich 3 Volumenprozent Alkohol, normalerweise bewegt sich der Gehalt aber zwischen 9 und 11 Prozent. Die meisten Weißweine, die ihr verkostet habt, lagen wahrscheinlich bei 11 bis 12 Prozent und manche Rotweine – große Zinfandel beispielsweise – können mehr Volumenprozent aufweisen, etwa 13 bis 14 Prozent. Während also manche Naturweine einen sehr niedrigen Alkoholgehalt haben können, sind die meisten recht nah an der Norm.

NATURWEINSZENE

In der deutschen Weinszene sind diese alternativen Weinstile einerseits ziemlich jung und cool, andererseits greifen sie auf Verfahren der Weinbereitung zurück, die zum Teil hunderte oder tausende Jahre alt sind. Besonders ausgefallen sind Amphorenweine, die nicht in Holzfässern oder Edelstahltanks ausgebaut werden, sondern in großen bauchigen Tongefäßen. Vor allem in Georgien hat sich dieses Verfahren über die Jahrtausende erhalten und hat sich von dort in den letzten Jahren wieder weltweit bei alternativ arbeitenden Winzern verbreitet.

Waren es am Anfang noch eine Handvoll meist junger, eher unbekannte Winzer, die Orange Weine, PetNats oder Naturweine herstellten, so sind diese mittlerweile auch im Mainstream angekommen. Selbst überregional bekannte und renommierte Weingüter befassen sich mit diesen Themen. In Franken hat sich zum Beispiel gezeigt, dass sich der Silvaner, der dort nachweislich seit 1659 angepflanzt wird, hervorragend eignet als Orange oder Natural Wine. Schon von Natur aus hat der Silvaner eher kräutrige Aromen – und passt ja deshalb auch so gut zur leichten modernen Küche –, die durch diese alternativen Ausbauweisen noch verstärkt werden. Ganz allein auf sich gestellt sind diese Weine allerdings eher schwer zugänglich, aber in Kombination mit Speisen bieten sie ganz neue überraschende Geschmackserlebnisse.

Die Auswahl im September

Für die Verkostung dieses Monats haben wir einen Rotwein, einen Weißwein, einen Rosé, einen Orange-Wein und einen Pet Nat. Falls ihr einen davon nicht beschaffen könnt, konzentriert euch nur darauf, fünf verschiedene Naturweine zu probieren. Es können auch einige Weine aus derselben Kategorie sein, solange es verschiedene Rebsorten oder verschiedene Winzer sind. Die Preise für Naturweine haben eine Spannbreite von 15 bis 40 Euro pro Flasche. Ziel ist eine vielfältige Verkostung und wenn ein Weinladen einen Wein empfiehlt, nehmt den Tipp an. Mit Rotweinen, Weißweinen und Roséweinen kennt ihr euch schon aus. Nachstehend also ein paar Worte zu den anderen Naturweinen, auf die ihr stoßen könntet.

Orange-Wein (€10 bis €25)

Diese Kategorie – auch im Deutschen oft als Orange Wine bezeichnet – wird so bereitet wie Natur-Roséwein, jedoch aus weißen Trauben, nicht aus roten. Man verwendet wenig bis gar keine Zusätze und bei der Weinbereitung wird nur minimal eingegriffen. Orange Wines sind nicht neu, erleben aber einen neuen Aufschwung. Es gibt diese Weine seit mindestens 5000 Jahren und sie werden auf der ganzen Welt von Österreich bis Italien, Georgien, Slowenien, Südafrika und nun in den USA und in Australien hergestellt – und selbstverständlich gibt es auch in Deutschland Erzeuger von Orange Wine.

Orange Wine wird in Fässern mit Stielen, Kernen und Beerenschalen vergoren. Die Weine können groß, kräftig und tanninreich sein, obwohl sie aus weißen Trauben gewonnen werden. Sie können sauer oder oxidiert ausfallen (siehe Seite 96) und duften nach Honig, Nüssen, Aprikose und getrockneter Orange. Vor allem besitzen sie eine orange oder bernsteinartige Farbe. Diese Orangetöne rühren daher, dass sie bei der Gärung mit dem Öl aus den Traubenkernen in Berührung kommen. Behandelt diesen Naturwein so, wie ihr einen Rosé behandeln würdet, und serviert ihn gekühlt.

Pet Nat versus Schampus (€10 bis €20)

Pétillant naturel ist Französisch und bedeutet »natürlich sprudelnder Wein«. Diese Weine sind schnörkellos, nicht extravagant, normalerweise wolkig und etwas lieblich und besitzen durch die Gärung auf natürliche Weise Kohlensäure. Im Gegensatz zu traditionellem Champagner (auch bekannt als Schampus) mit seiner Fülle nicht endender Bläschen sind natürlich vergorene Weine lediglich etwas spritzig und sprudeln ein wenig.

Kurz gesagt unterscheiden sich Pet Nats in vielerlei Hinsicht von Champagner, Sekt und Co.: Sie durchlaufen keine zweite Gärung wie die traditionellen Schaumweine, denen dabei Hefe und Zucker zugesetzt wird. Sie haben außerdem etwas Ungebändigtes im Aroma, weniger Kohlensäure und nicht so viel Alkohol. Alle Naturweine sind leicht moussierend, aber nach ein-, zweimal Schwenken vergeht das häufig schon (wie bei allem rund um Naturweine gibt es dafür keine Faustregel). Ein Glas Pet Nat hat vielleicht kaum ein Bläschen oder schäumt etwas kräftiger – man kann es nicht sagen, bevor man kostet. Es ist nicht die Art Schampus, die man sonst so »köpft«.

Die Verkostung

Nachstehend findet ihr in jeder Kategorie Begriffe, die euch als erste Orientierung dienen können. Es ist aber zu erwarten, dass das, was ihr seht, riecht, schmeckt und erlebt, nicht auf der Liste steht. Diese Weine sind eher als lebendig, aufregend, energiegeladen, erfrischend und stimmungsvoll beschrieben worden als mit spezifischen Düften und Geschmacksrichtungen. Dieser Monat wird zeigen, wie offen eure Verkostungsrunde sein kann. Es ist eine nette, leicht spritzige Erinnerung, euch selbst oder euren Wein nicht allzu ernst zu nehmen. Hier wird Spaß getrunken!

FARBE Strohgelb, Gold, Bernstein, ins Orange gehend, ins Rosa gehend, wolkig, bräunlich, Rubinrot, Rot, ins Violette gehend.

AROMA Ungebändigt, sauer, weiße Früchte (wie Apfel, Birne, Zitrusfrüchte, Pfirsich, Ananas, Banane) oder rote Früchte (wie Kirschen, Brombeeren, Johannisbeeren, Blaubeeren, Erdbeeren, Pflaumen), rauchige oder herzhafte Aromen wie Pilze oder Erdigkeit, Honig, Vanille, Sahne, Naschwerk, Blumen, Kräuter und Gewürze von schwarzem Pfeffer bis Zimt.

GESCHMACK Bitter, säuerlich, herb, fruchtig, mineralisch, würzig, sauer, süß.

KÖRPER Sprudelnd, spritzig, leichter bis mittlerer Körper, erdig.

FINALE Zählt innerlich still, nachdem ihr den Wein geschwenkt, durch die Zähne gezogen und getrunken habt. Fühlt oder schmeckt ihr ihn noch drei Sekunden nach dem Schlucken oder ist er schon lange weg? Das wäre ein kurzes Finale. Bis zu fünf Sekunden ist es ein mittleres Finale und wenn ihr ihn nach der Lektüre dieses Abschnitts noch immer schmecken könnt, hat dieser Wein ein langes Finale.

SEPTEMBER

Rezepte

Naturweine

DAS PASST DAZU In diesem Monat ist das, was wir an Speisen auffahren, genauso interessant wie die Naturweine, die wir trinken. Von erdigen Pilzen bis herbem Chutney und würzigen Meeresfrüchten rundet der Speiseplan dieses Monats mit Sicherheit eine absolut lustige und einmalige Weinprobe ab. Cheers!

Pilze sind der Inbegriff des Erdigen. Wenn ihr also Wein trinkt, der nach erdigen Aromen duftet, ist dieser Appetizer der perfekte Begleiter. Pilze enthalten viel Feuchtigkeit und wenn sie kross werden sollen, braucht es unbedingt einen sehr heißen Ofen.

Knusprige Pilze mit rauchiger Crème fraîche

FÜR 12 PORTIONEN

gut 900 g gemischte Pilze, geputzt, in Scheiben geschnitten

2 EL Olivenöl nativ extra

1 EL frische Thymianblätter

grobes reines Salz

3/4 TL Knoblauchpulver

230 g Crème fraîche

1 TL Rauchchilipulver

Den Ofen auf 230 °C Ober-/Unterhitze (Umluft: 210 °C) vorheizen.

Einen Gitterrost auf ein Backblech legen und die Pilzscheiben in einer Lage darauf ausbreiten. 20 Minuten backen. Wenden und für weitere 3–4 Minuten unter den Grill legen, bis sie goldbraun sind.

Pilzscheiben aus dem Ofen nehmen, in eine Schüssel geben und mit dem Olivenöl, Thymian, Salz und Knoblauchpulver vermengen.

In einer kleinen Schüssel Crème fraîche und Chilipulver miteinander verrühren. Die Pilze heiß servieren und die Crème fraîche als Dip dazu reichen.

Ich liebe die indische Küche, vor allem, weil die Schichten aus Gewürzen und Aromen so warm und verlockend sind. Wenn dieses selbst gemachte Chutney auf dem Herd steht, werden alle in die Küche stürmen, um zu sehen, was diesen herrlichen Duft verströmt. Das Rezept ergibt mehr Chutney als benötigt; den Rest im Kühlschrank aufheben und auf Toast oder auf Vanilleeis genießen.

Bruschetta mit Mango-Chutney

ERGIBT 15 STÜCK

- **1 EL Olivenöl**
- **2 TL frischer Ingwer, gerieben**
- **2 TL Knoblauch, gehackt**
- **½ TL gemahlener Koriander**
- **½ TL gemahlener Kreuzkümmel**
- **6 Kardamomkapseln**
- **¼ TL gemahlene Gewürznelken**
- **¼ TL gemahlener Zimt**
- **250 g eingekochte Mangos und Pfirsiche**
- **2 EL Apfelessig**
- **1 frisches Baguette, in 15 dünne Scheiben geschnitten**
- **80 g Frischkäse**

Das Olivenöl in einem kleinen Topf auf mittlerer Stufe erhitzen. Ingwer und Knoblauch darin unter ständigem Rühren 2–3 Minuten sautieren, bis sie weich sind.

Einen zweiten, flachen Topf auf mittlerer Stufe aufsetzen und Koriander, Kreuzkümmel, Kardamom, Gewürznelke und Zimt anrösten, bis sie duften (ca. 2–4 Minuten).

Die gerösteten Gewürze zu Ingwer und Knoblauch geben. Obst hinzufügen und alles miteinander vermengen. Zum Köcheln bringen und 10 Minuten simmern lassen. Vom Herd nehmen. Kardamomkapseln herausnehmen und entsorgen. Apfelessig einrühren und vor Gebrauch auf Zimmertemperatur abkühlen lassen.

Auf jede Baguettescheibe 1 TL Frischkäse streichen. Jeweils 1 TL Chutney hinzugeben und auf einer Platte servieren.

Die Kombination aus Obst, Käse und Nüssen ergibt das perfekte Häppchen schlechthin. Besitzt man einen Eierteller oder eine Eierplatte aus Keramik für Russische Eier, kann man diese gefüllten Feigen sehr gut darauf servieren.

Feigen mit Feta, Honig und Minze

ERGIBT 24 STÜCK

24 kleine frische Feigen

250 g Feta, in 24 Würfel geschnitten (je gut 1 cm groß)

5 g frische Minze, fein geschnitten

80 g Honig

90 g geröstete Macadamianüsse, fein gehackt

Die Feigen oben kreuzweise einschneiden. In einer mittelgroßen Schüssel Feta und Minze vermengen. In jede Feige je 1 Fetawürfel geben und die Feige wieder zusammendrücken.

Den Honig in der Mikrowelle 10 Sekunden erwärmen, damit er flüssig wird. Die Feigen auf die Servierplatte legen, mit dem warmen Honig beträufeln und mit den Macadamianüssen bestreuen. Servieren.

Mein Lieblings-Sushirestaurant »Kawaii Tori« serviert einen scharfen Kanikama-Salat (Kanikama oder Surimi ist Krebsfleischimitat), nach dem meine gesamte Familie regelrecht süchtig ist. Deswegen habe ich eine eigene Version kreiert, die ich bei Weinpartys anbiete. Ein Volltreffer!

Scharfer Krebsfleischsalat auf Gurke

ERGIBT 12 STÜCK

1 Salatgurke, geschält, in 12 Scheiben à 2 cm geschnitten

90 g Mayonnaise

2½ TL Sriracha

2½ TL Sojasoße

1½ TL Mirin

1½ TL frischer Limettensaft

250 g Krebsfleischimitat, Sticks oder Shrimpsimitat, von Hand in Stücke gezupft

20 g Panko-Paniermehl

1 EL frische Minze oder Basilikum, gehackt

Ein Backblech mit Küchenpapier auslegen. Mit einem Melonenschneider eine Vertiefung in die Salatgurkenscheiben schneiden; unten eine feste Schicht Fruchtfleisch stehen lassen, sodass ein kleiner Becher entsteht. Die Gurkenbecher mit der ausgehöhlten Seite nach unten auf die Papiertücher legen, damit die Feuchtigkeit aufgesogen wird.

In einer mittelgroßen Schüssel Mayonnaise, Sriracha, Sojasoße, Mirin und Limettensaft miteinander zu einer gleichmäßigen Masse verrühren. Nun das klein gezupfte Krebsfleischimitat dazugeben.

Die Gurkenbecher mit dem Krabbensalat füllen und als Topping etwas Panko-Paniermehl und frische gehackte Kräuter darübergeben. Bis zum Verzehr kühl stellen.

Der Krebsfleischsalat kann 2 Tage im Voraus zubereitet und in die Gurkenbecher gefüllt werden; Panko und Kräuter kommen dann erst zum Verzehr hinzu.

Krimpets mit Kokos-Hibiskus-Gelee

Vor dem Backen mag man Respekt haben, aber mit ein paar Abkürzungen in Gestalt von Fertigprodukten ist dieser Blechkuchen so einfach und ein solches Prunkstück, dass die Gäste ins Schwärmen geraten werden.

FÜR 20 PORTIONEN

1 Fertigmischung für Kokoskuchen (siehe Anmerkung)

240 ml Wasser

3 Hibiskus-Teebeutel

200 g Zucker

1 EL Zitronensaft, frisch gepresst

3 EL Geliermittel Pektin

300 ml Konditorsahne

60 ml Cream of Coconut (nicht zu verwechseln mit Coconut Cream/Kokoscreme)

80 g Kokosraspel, ungesüßt

Anmerkung: Findet man keine Fertigmischung für Kokoskuchen, nimmt man stattdessen amerikanischen White Cake, verwendet Kokosmilch anstelle von Wasser und gibt 240 g Sour Cream hinzu.

Den Kuchen nach Packungsanleitung in einer 23 × 33 cm großen Backform backen. Aus dem Ofen nehmen und vollständig erkalten lassen. Aus der Form nehmen, auf ein Backblech setzen und mindestens 1 Stunde oder maximal über Nacht einfrieren.

240 ml Wasser in einem kleinen Topf auf hoher Stufe zum Kochen bringen. Vom Herd nehmen, Teebeutel hineingeben und 10 Minuten ziehen lassen. Beutel herausnehmen und entsorgen, Zucker, Zitronensaft und Pektin hinzugeben, umrühren und sprudelnd aufkochen (ca. 5 Minuten), bis das Gemisch auf einem Zuckerthermometer 104 °C erreicht hat. Vom Herd nehmen und auf Zimmertemperatur abkühlen lassen. Bis zum weiteren Gebrauch im Kühlschrank aufbewahren.

In einem mittelgroßen Gefäß Konditorsahne und Cream of Coconut mit einem Handmixer aufschlagen, bis steife Spitzen stehenbleiben, und beiseitestellen.

Die Kokosraspel in einer trockenen Sautierpfanne rösten und dabei ständig umrühren, damit sie nicht anbrennen. Beiseitestellen.

Den Kuchen aus dem Gefriergerät nehmen und an den Kanten zu einem akkuraten Rechteck begradigen. Das Hibiskus-Gelee mit einem Tortenpinsel gleichmäßig auf dem Kuchen verteilen (evtl. wird nicht alles gebraucht). Sahne darauf verteilen und mit Kokosraspeln bestreuen. Auf einer Tortenplatte oder in kleine Quadrate geschnitten servieren.

OKTOBER

Zinfandel

Kapitel 10

OKTOBER

10

Wenn ich Sonnenschutzprodukte wegpacke und anfange, meine traditionelle Herbstkleidung zusammenzusuchen, ist eine Flasche dieses saftigen, marmeladigen Rotweins das Accessoire meiner Wahl geworden. Wir sind offiziell mitten in der Saison für dicke Pullover und gemütliche Jeans, lasst uns also mit einem roten Zinfandel darauf trinken.

Über Zinfandel

Wenn ich nun von Zinfandel rede, meine ich den Rotwein, nicht etwa White Zinfandel, über den wir ja auch schon gesprochen haben. Zinfandel wird zwar gern als die US-amerikanische Rebsorte schlechthin bezeichnet, doch sie ist nicht unbedingt ein einheimisches Gewächs. Auf welchen verschlungenen Pfaden sie nach Kalifornien fand, ist etwas rätselhaft. Lange dachten Weinexperten, sie wäre mit der Sorte Primitivo aus Italien identisch. Es hat sich aber herausgestellt, dass die beiden lediglich Cousinen sind. Ein paar Spürnasen aus der Weinwissenschaft nahmen gewissermaßen Fingerabdrücke – untersuchten die DNA – und ermittelten, dass die echte Zinfandel-Traube eigentlich aus Kroatien stammt und dort auf den Namen Crljenak Kaštelanski hört.

Woher sie auch gekommen sein mag, italienischen Einwanderern wird zugeschrieben, die Rebe um die Mitte des 19. Jahrhunderts herum in Kalifornien angepflanzt zu haben. Zur Zeit des Goldrauschs, als die Goldgräber ein reelles, gehaltvolles Stöffchen haben wollten, stieg die Popularität von Zinfandel rasch an.

Jahrzehntelang wurde Zinfandel in Verschnitten oder für preisgünstige Massenweine verwendet. Und obwohl sich roter und White Zinfandel ganz grundsätzlich unterscheiden (der Rote ist ein großer, marmeladiger, seriöser Wein und White Zinfandel ein süßes rosa Schönwettergetränk), ohne den White Zinfandel hätten wir nicht so viel exzellenten roten Zinfandel. Als nämlich die Massenweine und Verschnitte auf Zinfandel-Basis aus der Mode gerieten, ging das Wettrennen um den Anbau der zukünftig angesagten Sorten wie Cabernet und Merlot los und kalifornische Winzer rissen Zinfandel-Reben kurzerhand aus. Dankenswerterweise war damit Schluss, als White Zinfandel die Bühne betrat.

Heute, da der Hype um White Zinfandel abebbt, verwenden immer mehr Winzer, die Zinfandel in ihren Weinbergen haben, ihr Talent darauf, wahnsinnig gute rote Zinfandel herzustellen. Wie gut, dass sie diese Reben behalten haben! Für die jetzigen Tropfen muss man etwas mehr hinblättern und dadurch können die Winzer in die Reben investieren. Doch keine Sorge, manche Flaschen sind zwar recht kostspielig, aber man kann noch immer gute Schnäppchen machen.

Zinfandel steht für sich

Von großen amerikanischen Merlots und Cabernets wird oft erwartet, dass sie sich mit großem französischem Bordeaux messen können, amerikanische Pinots betrachtet man häufig mit den Augen der vornehmen Burgunder. Das Tolle an Zinfandel ist: Von ihm wird nicht erwartet, dass er irgendetwas aus der Alten Welt anstrebt oder nachahmt. Abgesehen von ein paar verstreuten kleinen Regionen in Südafrika und Australien geben sich außerhalb von Kalifornien nur wenige Winzer damit ab.

Es gibt durchaus frische, fruchtige Stile dieses Weins. Regelrecht verrückt sind die Menschen jedoch nach den tieferen, geradezu provokanten Stilen. Nicht für Zaghaftigkeit sind diese Zinfandelweine bekannt, sondern für ihr Rückgrat, für den präsenten, intensiven Fruchtgeschmack (man denke an eine vollmundige, saftige und vollreife Pflaume) und oft für einen kräftigen Schuss Pfeffer.

Außerdem werdet ihr merken, dass Zinfandel-Trinker eine ganz spezielle Sorte von Weinliebhabern sind. Viele Weintrinker wenden sich aus Gewohnheit Merlot, Cabernet oder Chardonnay zu, sie haben womöglich eine Lieblingsrebsorte, doch die meisten können zwischen den Sorten hin und her wechseln, ohne größere Trennungsängste zu bekommen. Ganz anders sieht es bei den Zinfandelisten aus – das sind eingefleischte Fans (sie sind auch leicht zu erkennen, denn Zinfandel färbt Zähne und Lippen wie kein anderer Wein!). Diese Einzelkämpferin unter den Rebsorten hat einfach etwas an sich, das zu einer fanatischen Nachfolge motiviert und, wer weiß, vielleicht schließt ihr euch in diesem Monat der Anhängerschaft an.

Alte Reben

Zinfandel mag ein wärmeres, aber nicht unbedingt heißes Klima. Deswegen liebt die Traube Kalifornien. Sie wird in vielen kalifornischen Regionen angebaut – in den sogenannten Countys, also den Verwaltungseinheiten Mendocino und Lake, Sierra Foothills, Napa Valley, Central Coast, Central Valley, Bay Area und Südkalifornien –, doch Sonoma ist das County, das sich immer wieder als eine der besten Regionen für den Anbau dieser Rebsorte erwiesen hat. In Sonoma liegen das Dry Creek Valley und das Russian River Valley. Südlich davon befindet sich Lodi, und aus diesen Gebieten stammen einige der besten Zinfandelweine der Welt.

Beim Kauf von Zinfandel begegnen einem manchmal Flaschen mit auffälligen Darstellungen von »alten Reben« auf dem Etikett. Das bedeutet, der Wein stammt von Reben, die mindestens 50 Jahre alt sind; manche mögen sogar 100 Jahre auf dem Buckel haben. Wenn Reben ein solches Alter erreichen, sind die Beeren, die sie hervorbringen, kleiner. Was ihnen jedoch an Größe fehlt, das machen sie mit Geschmack wieder wett, und sie ergeben große, kräftige Weine. Richtig geraten: Ein »Old Vine Zin« ist für die Oktober-Verkostung ein Muss.

Weinsprache

BISS HABEN Diesen Begriff nehme ich, um große, fleischige Zinfandelweine zu beschreiben. Es sind Weine mit einem ausgesprochen voluminösen Körper, hohem Alkoholgehalt und viel Frucht. Sie fühlen sich an, als könne man sie essen und nicht trinken (oder, wie ich gern sage, das sind die Weine, die man mit einer Gabel trinken könnte).

FRUCHTBOMBE Begriff, den Wein-Nerds abschätzig gebrauchen, um einen stark fruchtbetonten Wein zu beschreiben. Markanten, marmeladigen Zinfandelweinen gibt man diesen Stempel manchmal, aber wenn sie euch schmecken, so ist das alles, was zählt.

SCHARF Beschreibt Weine, die in Mund und Kehle ein Brennen hinterlassen, wenn der Alkoholgeschmack zu intensiv und nicht in Balance mit der Fruchtnote ist.

MARMELADIG Beschreibt Weine mit hochkonzentrierten Aromen nach reifen Früchten.

GESALZENER WEIN

Wenn man sich Weinwissen aneignet, stellt man fest, dass sich viele Informationen wiederholen. Viele »Weinexperten« sagen genau das, was der Typ vor ihnen gesagt hat. Aber wenn ihr einem total dynamischen Menschen begegnet, der wirklich etwas Neues zu sagen hat, vergesst ihr das nie mehr! So erging es mir, als ich den exzentrischen kalifornischen Winzer Randall Grahm traf und interviewte.

Beim Mittagessen zog er – buchstäblich – ein paar Tricks aus dem Ärmel, um mir etwas über Terroir zu vermitteln. Randall goss ein Glas Rotwein ein. Wir schwenkten, schnupperten und tranken mit großem Vergnügen. Dann streute er kleine Krümel in unsere Gläser und forderte mich auf, zu trinken.

Als wir den nächsten Schluck nahmen, war bei dem Wein mit den winzigen Krümeln spürbar etwas anders geworden. Es stellte sich heraus, dass es ganz normales Tafelsalz war. Und dennoch, durch die Hinzugabe in den Wein veränderten sich das Mundgefühl und die Tanninstruktur am Gaumen. Mit diesem kleinen Trick machte Randall mir klar, dass ein hoher Natriumgehalt im Boden das Endprodukt komplett verändern kann. Natrium verwandelt klobige Tannine und gibt ihnen viel mehr Länge am Gaumen – und das ist eine Charakteristik des Terroirs von Weinen der Alten Welt.

Nehmt zum Spaß mal ein Glas großen roten, tanninreichen amerikanischen Zinfandel und würzt ihn mit etwas Tafelsalz. Schaut, ob ihr die Veränderung der Tannine bemerkt. Wirkt euer Wein aus der Neuen Welt ein bisschen old school? Natrium ist nur eines der vielen Elemente, die beim Thema Terroir ins Spiel kommen. Dieses einfache Experiment wird euch schnell zeigen, wie ein kleines Element das gesamte Geschmackserlebnis verändern kann.

Die Auswahl im Oktober

Ganz ehrlich, Kalifornien ist bei Zinfandel die erste Liga, es gibt also einfach keinen Grund, bei dieser Verkostung Kalifornien zu verlassen. Außerdem habt ihr ja schon geschmeckt, wie unterschiedlich sich Terroir in Weinen aus mehreren Ländern zeigt – lasst uns nun also einmal schauen, ob ihr Unterschiede zwischen Weinen ausmachen könnt, die in bestimmten Regionen innerhalb eines Landes und sogar in bestimmten Gebieten innerhalb eines Countys angebaut wurden. Hier nun einige Optionen für euren Stoff des Monats.

Dry Creek Valley (€25 bis €45)

Nehmt einen der zahlreichen »Old Vine Zins«, Zinfandel von besonders alten Reben, hinzu. Ein solcher Wein steckt voller Frucht, hat weichere Tannine und ist sehr vollmundig, so sehr, dass manche schon sirupartig oder ausgesprochen voluminös sind.

Russian River Valley oder Alexander Valley (€35 bis €45)

Zinfandelweine aus diesen kühleren Regionen neigen zu einem niedrigeren Alkoholgehalt und mehr Säure. Sie haben eher weniger Körper und sind nicht so konzentriert.

Central Valley, Lodi (€20 bis €30)

Lodi ist die Heimat vieler saftiger, kräftiger Zinfandelweine mit ausgewogenen Tanninen.

Napa Valley (€20 bis €35)

Diese Region ist ideal für den Anbau kleinerer Trauben geeignet; das bedeutet, dass der Geschmack konzentrierter ist.

Paso Robles im County Central Coast (€15 bis €30)

Fragt beim Weinhändler nach einem Zinfandel im »Claret-Stil« – also mit weniger Alkohol, so 12 bis 13 Prozent –, damit ihr eine leichtere Seite dieses Weins erleben könnt.

Pirat: Primitivo aus Italien (€8 bis €15)

Gut zu wissen: Primitivo ist im Allgemeinen billiger als Zinfandel aus Kalifornien (ihr könnt definitiv welche unter 12 Euro pro Flasche und manchmal sogar unter 8 Euro finden). Wenn euch Primitivo also am Ende besser schmeckt, dann habt ihr Glück. In Farbvielfalt und Geschmacksprofil ist er wie Zinfandel. Der Hauptunterschied betrifft dieses Thema Alte und Neue Welt. Primitivo sollte jenen Charme der Alten Welt haben und neben großer, opulenter Fruchtigkeit und Gewürzen etwas mehr Terroir und mineralische Schichten zeigen. Auch er hat einen hohen Alkoholgehalt, erreicht aber längst nicht die mächtigen 15 Prozent und mehr einiger Stile der Neuen Welt.

Die Verkostung

Seid ihr bereit für den Test, ob Zinfandel etwas für euch ist? Stellt euch auf eine intensive, fruchtbetonte Verkostung ein. Da wir ausschließlich Tropfen aus der Neuen Welt probieren, variieren die Stile hauptsächlich von Erzeuger zu Erzeuger. Bittet also im Weingeschäft vor Ort um Hilfe, wenn ihr einen spezifischen Stil sucht.

ZEIT UND TEMPERATUR

Wie Cabernet und andere Rotweine mit voluminösem Körper sollten große Zinfandelweine mit einer Temperatur zwischen gut 17 °C und 19 °C serviert werden. Aber macht euch nicht verrückt, strebt einfach die Zimmertemperatur an (variable Größe ist hier das Zimmer – denkt eher an die Temperatur im Erdgeschoss und nicht an die warme Küche). Die frischen, fruchtigen Zinfandelweine mit leichterem Körper kann man jedoch etwas kühler servieren, es ist kein Fehler, sie vor dem Entkorken für eine kleine Weile zu kühlen. Wie weiß man nun, ob man einen Zinfandel mit leichterem Körper hat? Durch einen Blick auf das Etikett: Der Alkoholgehalt (der auf jedem Etikett angegeben ist) sagt viel aus. Diejenigen mit höherem Alkoholgehalt (über 14 Prozent) sind größer und diejenigen mit niedrigerem Alkoholgehalt (unter 14 Prozent) sind meistens leichter.

Zinfandel muss im Allgemeinen nicht lange altern. Dieser Wein sollte binnen drei oder fünf Jahren genossen werden, ansonsten verliert er seine satte charakteristische Fruchtnote und wird einfach nur »scharf« (siehe Seite 225).

FARBE Zinfandel hat nichts Zartes, insbesondere nicht beim ersten Eindruck. Ihr denkt vielleicht, Rotwein wird aus roten Trauben gewonnen, aber Zinfandeltrauben sind fast schon schwarz und der Wein zeigt, wie tief und dunkel die Weine aus »schwarzen« Trauben sein können. Die Farbpalette dieses Weins kann von tiefem Rubinrot bis zu dunklem Pflaumenviolett reichen (bei bestimmten Lichtverhältnissen kann er sogar schwarz wirken).

AROMA Zinfandel ergibt normalerweise große, konzentrierte Aromen nach reifen Früchten, weswegen er häufig als »marmeladig« beschrieben wird. Ihr könntet Himbeer-, Blaubeer-, Kirsch- und Johannisbeeraromen riechen. Er kann auch würzig sein, und so sind auch schwarzer Pfeffer und Muskat häufige Aromen. Da wir über kalifornischen Wein sprechen, könnt ihr darauf wetten, dass auch Eiche im Spiel ist, und folglich finden auch Düfte nach Vanille, Rauch und Zedern ihren Weg ins Glas. Als Hilfe beim Erkennen dieser »marmeladigen« Aromen stellt versuchsweise ein paar Schälchen mit Marmeladen einschließlich Produkten aus den oben genannten Beeren dazu, damit ihr parallel zu den Weinen auch an ihnen riechen könnt.

GESCHMACK Geschmacklich sind Zinfandelweine charakteristischerweise fruchtig bis würzig. Wer also würzige, pfeffrige Aromen in Verbindung mit dunklen Kirschen mag, wird Zinfandel mögen. Generell kann bei den Fruchtaromen alles von Blaubeeren bis Feigen dabei sein. Natürlich auch etwas Schokolade, vielleicht ein Hauch Süße von braunem Zucker. Zinfandel kann auch ein wenig bitter sein. Je nach Terroir schmeckt man eventuell auch mineralische Noten. Die übertriebenen Zinfandelweine mit hohem Alkoholgehalt können scharf schmecken und am Gaumen eher rosinig sein. Schmeckt man viele Aromaschichten (im Vergleich zu lediglich großer Fruchtigkeit), probiert man wahrscheinlich gerade den »Old Vine Zin«.

KÖRPER Zinfandel besitzt eine Bandbreite von weichen, unbeschwert leichten Weinen bis zu jenen unglaublich mächtigen, zünftigen Weinen. Manche Zinfandel-Erzeuger vertreten die Philosophie »je größer, desto besser« und bereiten Weine mit einem Alkoholgehalt von bis zu 17 Prozent (die meisten Rotweine erreichen höchstens 14 Prozent, und das sind normalerweise die großen Cabernets). In diesen Fällen verleiht der Zinfandel ein gigantisches Mundgefühl. Die Tannine haben ebenfalls ein Spektrum von »dezent vorhanden« bis »Tanninattacke – Feuer frei!«.

FINALE Stilistisch große Weine können ein unglaublich langes Finale haben, aber nochmals, manche der dezenteren Stile werden ein geschmeidigeres Gefühl als Finale hinterlassen.

OKTOBER

Rezepte

Zinfandel

DAS PASST DAZU Da Zinfandel tendenziell weniger Tannine und großartige Fruchtaromen hat, kann er bei Tisch vielseitiger sein, als man vielleicht vermutet. Seine robusten Aromen passen ausgesprochen gut zu würzigem Käse wie Ziegenkäse und können sich gegen Geräuchertes behaupten. Wenn ihr es nicht schafft, die unten genannten leckeren Appetizers zuzubereiten, ist eine Wurst- und Schinkenplatte perfekt als Begleitung für die Weinprobe dieses Monats.

Große, in Salzlake eingelegte Oliven sind nicht nur etwas für Martinis. Für dieses Rezept nehme ich gern die Spezialmischung aus meinem Lebensmittelgeschäft, man kann aber auch eine beliebige Olivenmischung aus dem Glas verwenden.

Warme gewürzte Oliven

FÜR 12–14 PORTIONEN

300 g gemischte Oliven
1 EL Olivenöl nativ extra
1 TL abgeriebene Orangenschale
1 TL abgeriebene Zitronenschale
50 g Feta, gewürfelt
¼ TL Chiliflocken (optional)

Oliven, Olivenöl und abgeriebene Orangen- und Zitronenschale in eine mikrowellengeeignete Schüssel geben. 1 Minute in der Mikrowelle erwärmen. Falls die Oliven im Kühlschrank waren, braucht es eventuell 20 Sekunden länger, sie durchzuerwärmen.

Fetawürfel und (falls verwendet) Chiliflocken hinzugeben und vermengen. Warm servieren.

Dieses Rezept habe ich von meiner besten Freundin Vanessa, eine Foodfanatikerin wie ich. Ich war skeptisch, was das Backen von Weintrauben betrifft, aber sie hatte ja so was von recht! Glaubt nicht mir – verwöhnt die Gäste der Weinparty mit diesen süß-herzhaften Crostini und dann urteilt ihr selbst!

Crostini mit Ziegenkäse und gebackenen Weintrauben

ERGIBT 24 STÜCK

650 g Weintrauben, kernlos, gemischt grün, rot und/oder dunkel

2 EL gereifter Balsamicoessig

4 Zweige Thymian plus gehackter frischer Thymian zum Garnieren

70 ml Olivenöl nativ extra

Meersalzflocken

schwarzer Pfeffer aus der Mühle

2 Baguettes, in ca. 1,5 mm dicke Scheiben geschnitten (ca. 24 Stück)

gut 200 g Ziegenkäse, zimmerwarm

Saft von 1 Zitrone

1 EL abgeriebene Zitronenschale sowie Zitronenschalenzesten zum Garnieren

Honig zum Beträufeln

Den Ofen auf 200 °C Ober-/Unterhitze (Umluft: 180 °C) vorheizen. Ein Backblech mit Backpapier auslegen. (Evtl. werden zwei Backbleche benötigt, damit es nicht zu voll wird.)

Die Weintrauben auf dem vorbereiteten Backblech mit Essig, Thymianzweigen und 3 EL Olivenöl vermischen. Mit Salz und Pfeffer würzen und vermengen. Ca. 15 Minuten backen und dabei gelegentlich umrühren, bis die Weintrauben weich sind und die Schale beginnt, aufzuplatzen.

Die Baguettescheiben mit den verbliebenen 2 EL Olivenöl einpinseln. Auf einem Backblech anordnen und ca. 8 Minuten backen, bis sie goldfarben und knusprig sind. In einer kleinen Schüssel Ziegenkäse, Zitronensaft und Zitronenschale miteinander verrühren.

Auf die Crostini jeweils ca. 1 EL Ziegenkäsemasse geben. Die warmen Weintrauben mit einem Löffel darauf verteilen, mit Honig beträufeln und Zitronenschale darüberstreuen. Die Crostini mit Salz bestreuen und mit dem gehackten Thymian garnieren.

Diese Variante des italienischen Salamisandwiches gehört zu meinen Favoriten. Fenchel, dünn gehobelt, steuert eine großartige Geschmackskomponente bei und wenn das Ganze eine Caesar-Mayonnaise als Dressing bekommt, ist es geradezu himmlisch. Ich bereite das Baguette gern im Ganzen zu und serviere es dann auf einem Holzbrett.

Sandwich mit Salami, gehobeltem Fenchel, Rucola und Caesar-Mayonnaise

ERGIBT 10–12 STÜCK

- **120 g Mayonnaise**
- **2 Knoblauchzehen, zerdrückt**
- **1 EL Zitronensaft, frisch gepresst**
- **2 TL Dijonsenf**
- **2 Sardellenfilets**
- **50 g geriebener Parmesan**
- **1 Ciabatta, wie ein Brötchen aufgeschnitten**
- **20 g Rucola**
- **250 g Salami in Scheiben**
- **250 g Fontina oder Provolone in Scheiben**
- **1 mittelgroße Fenchelknolle, ohne Strunk, papierdünn gehobelt**
- **schwarzer Pfeffer aus der Mühle**

Mayonnaise, Knoblauch, Zitronensaft, Senf, Sardellen und Parmesan im Mixer 30 Sekunden lang verarbeiten. Anhalten, die Innenseiten des Mixergefäßes nach unten abziehen. Deckel wieder auflegen und die Intervalltaste mehrmals betätigen, bis die Zutaten gleichmäßig miteinander vermischt sind.

Die Schnittflächen der Ciabatta großzügig mit Mayonnaise bestreichen (evtl. wird nicht alles benötigt). Die Unterhälfte mit einer Schicht Rucola belegen und darauf Salami- und Fontinascheiben sowie den Fenchel gefächert anordnen. Mit schwarzem Pfeffer bestreuen und die Ciabatta-Oberhälfte auflegen.

Auf ein Holzbrett legen und in 10–12 Stücke schneiden.

Den Bananen-Toffee-Kuchen »Banoffee Pie« habe ich zum ersten Mal auf einer Reise in das britische Überseegebiet Turks- und Caicosinseln gegessen. Wir haben damals über den Namen gelacht, aber das hat uns nicht davon abgehalten, uns einen Nachschlag zu genehmigen. Die Kombi aus Banane, Dulce de Leche und Schokoraspeln fühlte sich geradezu sündhaft an. Das sollte jedes gute Dessert! Diese kleinen Taschen erinnern an jenen Pie.

Schoko-Karamell-Bananenhäppchen

ERGIBT 12–14 HÄPPCHEN

400 g fertiger Tiefkühl-Blätterteig, zimmerwarm

1 Banane, in Scheiben geschnitten

50 g Schoko-Toffeebonbons (z. B. Rolo; 2 Rollen)

Den Ofen auf 190 °C Ober-/Unterhitze (Umluft: 170 °C) vorheizen. Ein Backblech mit Backpapier auslegen.

Den Blätterteig entrollen. Mit einem runden Ausstecher (ø 7,5 cm) 12 Kreise ausstechen. Die Reste zusammennehmen, nochmals ausrollen und möglichst viele weitere Kreise ausstechen. Es sollten insgesamt 14 Kreise sein. In die Mitte der Kreise je 1 Bananenscheibe und darauf je 1 Schoko-Toffeebonbon legen. Den Teig hochziehen und zusammendrücken, sodass Teigtäschchen entstehen. Unbedingt gut zukneifen!

Die Täschchen auf das vorbereitete Backblech setzen und 20–25 Minuten backen, bis sie leicht goldbraun sind. Warm oder zimmerwarm servieren.

NOVEMBER

Pinot Noir

Kapitel 11

NOVEMBER

11

Pinot Noir (Pi-noh NoAR) kann beim ersten Schluck für Befremden sorgen. Bis jetzt habt ihr bei den Weinproben leckere, fruchtige Rotweine wie Cabernet Sauvignon und Syrah getrunken und im Glas geschwenkt, und daher kann euch dieser Wein – der auch Spätburgunder heißt – in gewisser Weise erschüttern. Er könnte aber auch genau der Wein eurer Träume sein.

Über Pinot Noir bzw. Spätburgunder

So ziemlich alle, die Pinot Noir bzw. Spätburgunder lieben, haben eine Geschichte dazu. Es mag nicht bei der ersten Flasche geschehen, noch nicht einmal bei der fünften. Aber irgendwann trifft man irgendwo auf eine umwerfende Flasche, die die Weinseele aufwühlt.

Oder vielleicht auch nicht. Es gibt Weinliebhaber, die sich nie für Pinot Noir erwärmen, genauso wie manche niemals bei Zinfandel, Cabernet oder Chardonnay außer sich geraten. Wein würde viel weniger Spaß machen, wenn wir alle denselben Geschmack hätten, oder?

Für diejenigen, die bereit sind, sich auf die Suche nach einer großartigen Pinot-Noir-Erleuchtung zu begeben, kommt hier alles, was man über diesen Wein wissen muss:

1. Das Burgund ist die bedeutendste Region.
2. Der Charme des Pinot Noir ist schwer zu fassen.
3. Pinot Noir liebt Essen.

Pinot Noir wird in Frankreich seit über 2000 Jahren angebaut und wird oft als »König der Rotweine« bezeichnet. Die edle Traube ist die rote Rebsorte des weltberühmten Weinbaugebiets Burgund. Das heißt, wenn der Wein ein Rotwein ist und aus dem Burgund (oder der Bourgogne auf Französisch) stammt, dann ist die Rebsorte – mit sehr wenigen Ausnahmen – Pinot Noir.

Pinot Noir ist im Anbau recht zickig. Die Sorte braucht ein kühles Klima; da die Beeren aber auch eine außergewöhnlich dünne Schale haben, können sie an zu kühlen Standorten leicht faulen. Im Weinbereitungsprozess brauchen sie besonders viel Fürsorge; zudem muss dieser temperamentvolle Wein unbedingt korrekt gelagert werden. All dies trägt zum recht hohen Preisniveau bei. Wie bei den meisten Weinsorten kann man aber günstige und wohlschmeckende Pinot Noirs finden, man muss lediglich ein bisschen suchen.

Außerhalb des Burgunds ist die Traube ebenso schwierig im Anbau und dennoch ist die Erzeugung eines hochwertigen Pinot Noirs für Winzer auf der ganzen Welt eine Art Suche nach dem Heiligen Gral geworden. Manche haben ihn gefunden. Außerhalb des Burgunds ist einer der Orte, wo Pinot Noir sich am besten auszudrücken scheint, im Nordwesten der USA, besonders in Oregon und dort speziell im Willamette Valley. Pinot Noir hat den Weinbau Oregons überhaupt erst bekannt gemacht.

Mönche aus dem Burgund brachten diese »Diva« bereits im Mittelalter nach Deutschland, wo sie heute die bedeutendste rote Rebsorte ist – nur in Frankreich und den USA gibt es mehr Spätburgunder. Zwar hat sich das kleine Anbaugebiet Ahr ganz besonders auf ihren Anbau spezialisiert, aber vor allem aus dem südlicher gelegenen Baden kommt ein Großteil der deutschen Spätburgunder-Weine. Dort sind sie durch die lange Sonnenscheindauer in der Regel auch intensiver und alkoholhaltiger, während sie, je weiter nach Norden man geht, umso leichter, eleganter und fruchtbetonter werden.

In Pinot Noir eintauchen

Pinot Noir wird im gesamten Burgund angebaut, die Superstars kommen jedoch von der Côte-d'Or. Dieser knapp 50 Kilometer lange und rund 800 Meter breite Landstrich teilt sich in zwei Unterregionen auf: Die südliche Hälfte, Côte de Beaune, kennt man vor allem wegen ihrer Chardonnays und die nördliche Hälfte, Côte de Nuits, ist das Paradies des Pinot Noir. In diesem schmalen Gebiet mit atemberaubend schönen Weinbergen liegen weltberühmte Weindörfer wie hingestreut, darunter Gevrey-Chambertin, Morey-Saint-Denis, Nuits-Saint-Georges, Chambolle-Musigny, Vougeot und Vosne-Romanée.

Wenn ihr einen hervorragenden Pinot Noir aus dem Burgund wünscht, müsst ihr also lediglich eine Flasche aus einem dieser weltberühmten Weindörfer auswählen, stimmt's?

Nun, leider ist es niemals so simpel!

Nicht immer wird aus diesen launischen Trauben ein umwerfender Wein bereitet, selbst dann nicht, wenn sie in den hervorragenden Lagen dieser weltberühmten Weinberge gediehen. Leider wird Pinot Noir seinem Ruf als »Kummer-Traube« nur allzu gerecht. Sie ist so schwierig im Anbau, bereitet aber auch dem Weinliebhaber Kummer. Man kann eine große Summe für einen Premier Cru hinblättern (siehe den Abschnitt »Die Krux mit dem Cru«, Seite 243) und dann völlig geknickt sein. Und ein anderes Mal wählt man nach dem Zufallsprinzip einen schlichten Bourgogne rouge für nicht einmal 15 Euro und gerät ganz aus dem Häuschen, weil er in Relation zur gezahlten Summe so sensationell schmeckt.

Auch aus Südafrika kommen wundervolle Weine. Da wir in diesem Monat über Pinot Noir sprechen, möchtet ihr vielleicht auch Pinotage probieren. Diese südafrikanische Traube ist kein Pinot Noir, sondern eine Verwandte – eine Kreuzung von Pinot Noir und einer anderen Sorte namens Cinsault.

Pinotage ist ein fleischiger Rotwein, viel fleischiger als unser feiner Pinot Noir. Ein großer Wein mit Biss, der einigen Respekt unter den größten Rotweinen verdient; der dunkle, satte Wein strotzt vor Brombeeren und Johannisbeeren. Dies ist kein Wein für Hasenfüße! Sucht nach einem aus der Gegend um das Kap, aus Stellenbosch oder Paarl.

Verschneiden oder nicht verschneiden?

Im Burgund ist das keine Frage. Die Antwort ist ein vernehmliches »nicht verschneiden«. Während die besten Bordeauxweine Verschnitte unterschiedlicher Rebsorten sind, werden weißer Burgunder (Chardonnay) und roter Burgunder (Pinot Noir) nie und keinesfalls verschnitten. Zumindest die Spitzenweine sind zu 100 Prozent sortenrein. Roter Burgunder ist ein Synonym für Pinot Noir und ein weißer Burgunder besteht zu 100 Prozent aus Chardonnay. Lasst diese kleine Info bei der nächsten Firmenfeier dezent fallen und man wird euch für echte Weinprofis halten.

Die Krux mit dem Cru

Zu verstehen, wie Weine aus dem Burgund hinsichtlich ihrer Qualität eingestuft werden, ist selbst für erfahrene Weinliebhaber eine Herausforderung. Nachstehend folgt eine ungefähre Orientierung zu den Klassifizierungen; aufsteigend von der untersten zur höchsten Stufe. Mit den Klassifizierungsstufen steigen auch die Preise, denn die Trauben kommen dann von kleineren, genauer festgelegten Weinbergen, und diese kostbaren Lagen stehen nur begrenzt zur Verfügung. Ihr müsst sie euch nicht merken, aber wer seine Finanzen stets im Blick behält, kann sie sich ruhig einmal anschauen.

BOURGOGNE ROUGE Diese schlichten, einfachen regionalen Weine werden generell aus verschiedenen Traubenpartien bereitet, die irgendwo im Burgund angebaut wurden. Im Allgemeinen steht »Bourgogne« oder »Vin du Bourgogne« auf dem Etikett.

APPELLATION COMMUNALE ODER VILLAGE Diese Weine werden ausschließlich aus Trauben bereitet, die in einer bestimmten Gemeinde und um einen bestimmten Weinort angebaut werden. Der Name der Gemeinde oder des Weinortes steht auf dem Etikett.

PREMIER CRU (IM BURGUND: »ERSTE LAGE«) Alle Weine in dieser Klassifikation sind aus Trauben bereitet, die in einem bestimmten Weinberg angebaut werden. Auf dem Etikett stehen der Name des Weinortes sowie der Name des Weinbergs.

GRAND CRU (IM BURGUND: »SPITZENLAGE«) Alle Weine dieser Klassifikation sind aus Trauben von einer der Spitzenlagen des Burgunds bereitet. Auf dem Etikett steht nur der Name der Lage, nicht der des Weinorts. Grand-Cru-Weine sind ausgesprochen selten und machen nur 2 Prozent der Gesamtproduktion des Burgunds aus.

Vin de Pferdestall

Generelle Aussagen über den Geschmack zu treffen, das ist bei Pinot Noir von allen Rebsorten am schwierigsten, weil der Wein sein Terroir so glasklar zeigt; je nachdem, wo er angebaut wurde, kann sein Charme sehr unterschiedlich ausfallen.

Bei der Beschreibung von Pinot Noir heißt es häufig, er biete Aromen und Geschmack nach sattroten Früchten, Pilzen und bestimmten Gewürzen, oft aber kommen einem Beschreibungen abseits von Speisen in den Sinn, wenn es um diesen Wein geht. Über manch einen Pinot Noir aus Frankreich hieß es schon liebevoll, er dufte nach Pferdestall. Ja, es stimmt: nasses Heu, Pferde und Dung. Er kann auch kiefernähnliche oder harzige Eigenschaften aufweisen, wie Möbelpolitur. Rundet man diese Aromen mit einem womöglich sauer und bitter schmeckenden und den Mund zusammenziehenden Wein ab, hat man tatsächlich einen recht speziellen Wein.

Doch dies sind ja Eigenschaften, die Pinot Noirs gerade so komplex, vielschichtig und interessant machen. Oftmals kann unter den merkwürdigen Aromen der saftigste Wein zum Vorschein kommen, den man je getrunken hat. Habt also keine Angst, den Wein zu trinken, auch wenn euch der Geruch nicht behagt. Er wird meistens weniger – und verfliegt sogar –, wenn man den Wein ein paarmal im Glas schwenkt (siehe »Weinsprache« auf Seite 246). Wer mit diesen Pferdestall-Aromen einfach nicht zurechtkommt, hält sich an Pinot Noir aus Kalifornien und Oregon oder aus den deutschen Regionen.

Weinsprache

VERFLIEGEN Manchmal, wenn ein Wein im ersten Moment etwas merkwürdig unangenehm riecht, lässt dies nach oder verschwindet, sobald er eine Weile geatmet hat.

KLAR Meint einen Wein, der so durchscheinend ist, dass er das Licht durchlässt. Normalerweise werden Weißweine mit diesem Begriff beschrieben, doch auch Pinot Noir kann oft als klar beschrieben werden.

BRILLANZ HABEN Beschreibt einen Wein, der das Licht sowohl reflektiert als auch durch sich hindurchscheinen lässt.

SEIDIG Meint ein geschmeidiges, volles Mundgefühl. Wird oft verwendet, um Pinot Noir zu beschreiben.

UMAMI Dieser Begriff bezieht sich auf den fünften Geschmack (die vier anderen sind süß, sauer, salzig und bitter). Umami ist ein erdiger, schmutziger Geschmack, den man von Pilzen kennt. Gibt es in vielen asiatischen Küchen und passt auch zu vielen Pinot Noirs. Falls es je so etwas wie Terroir-Geschmack gegeben hat, dann ist es umami.

SAMTIG Auch mit diesem Begriff wird das Mundgefühl bei Pinot Noir häufig beschrieben – es ist weich und doch sehr opulent.

Die Auswahl im November

In diesem Monat haben wir eine Burgund-Mischung. Keine Angst, ich lasse euch keinen Grand oder Premier Cru kaufen. Wir sehen mal, was die anderen Stufen bringen und ob ihr einen deutlichen Unterschied zwischen einem Village-Wein und einem Vin de Bourgogne benennen könnt. Aber natürlich, wenn euch nach Geldausgeben zumute ist, dann nur keine falsche Zurückhaltung! Gönnt euch einen Premier Cru. Holt Empfehlungen von einem vertrauenswürdigen Weingeschäft oder probiert einen Wein von einem der Erzeuger, die ich für die Burgunderauswahl empfohlen habe. Außerdem trinken wir Pinot Noirs aus Oregon und Kalifornien und schauen natürlich auch, was die europäischen Winzer zu bieten haben. Ich bitte euch, für diese ausgewählten Weine etwas mehr Geld locker zu machen, aber ich lasse euch nur vier Flaschen kaufen anstatt fünf (plus Pirat).

Dieser Monat ist insofern einmalig, als ich folgenden Vorschlag mache: Sucht für die Weine eurer Verkostung nach spezialisierten Erzeugern oder Händlern (oder negociants in Frankreich). Bei Pinot Noir kann man sich oft besser darauf verlassen, Weine von einem bewährten Händler oder negociant zu kaufen, als wenn man anhand von Village, Lage oder Preis seine Wahl trifft. Und fragt natürlich im Weingeschäft nach Empfehlungen.

Vin de Bourgogne, Burgund, Frankreich (€20 bis €30)

Haltet nach Weinen von Louis Jadot Ausschau. Auf dem Etikett steht »Bourgogne«.

Appellation Village, Burgund, Frankreich (€22 bis €35)

Der Name des Weinorts steht auf der Flasche; oft sind die Namen mit Bindestrich gekoppelt (etwa Gevrey-Chambertin, Morey-Saint-Denis, Nuits-Saint-Georges, Chambolle-Musigny, Vosne-Romanée).

IM ZWEIFEL BEFRAGE MAN DIE EXPERTEN

Kennt ihr das, ihr sitzt gemütlich und lustig mit Freunden im Restaurant zusammen und als die Weinkarte vor euch hingelegt wird, breitet sich peinliches Schweigen aus? Fühlt euch nicht schlecht deswegen. Ich schätze, dass weniger als 1 Prozent der Menschen in Restaurants alles kennen, was auf der Weinkarte steht. Die anderen 99 Prozent werden eingeschüchtert, und das könnte erklären, warum zugängliche Weine wie Chardonnay und Pinot Grigio dauerhaft zu den Bestsellern gehören. Doch wenn ihr euren Horizont erweitern wollt, verlasst euch auf die Experten. Dies ist nicht der richtige Monat, um an den Regalen riesiger Weinhandlungen entlangzuflanieren und durch »ene, mene, mu« eure Wahl zu treffen. In diesem Monat ist es gut, die Nähe von jemandem zu suchen, der mit dem großartigen Pinot Noir bestens vertraut ist.

Das könnte ein leidenschaftlicher Sommelier sein, falls ihr essen geht, oder die Besitzerin oder Managerin eines Weinladens, falls ihr zu Hause esst. Damit diese Experten euch etwas geben können, das euer Herz erfreut, müssen sie euch ein bisschen kennen. Sprecht mit ihnen. Stattet sie mit Informationen zu euren Geschmacksknospen aus. Erzählt ihnen beispielsweise, ob ihr große, tanninreiche Weine mögt oder weiche, milde Weine. Lieblich oder trocken? Belebend oder samtig? Sagt ihnen auch, was ihr essen werdet, denn sie verstehen viel davon, wie sich die Weine mit unterschiedlichen Speisen vertragen.

Wie viel ihr ausgeben wollt, ist auch eine sehr wichtige Information. Sie haben ja keine Ahnung, was ihr investieren möchtet, nennt ihnen also eine Spanne, die mit der Weinkarte kompatibel ist. Ein guter Sommelier oder Weinhändler arbeitet dann mit dieser Preisspanne und wird nicht versuchen, euch eine Flasche aufzuschwatzen, die außerhalb eures Budgets liegt.

Pinot Noir, Oregon (€30 bis €40)

Zu den hervorragenden Erzeugern gehören Domaine Drouhin, Adelsheim, Archery Summit, Erath Vineyards, Sokol Blosser und Rex Hill Vineyards.

Pinot Noir, Kalifornien (€15 bis €35)

Bei kalifornischen Pinot Noirs ist es wichtiger, Weine im Rahmen dieser Preisangabe zu finden, als einen bestimmten Namen aufzuspüren. Ein paar gute Empfehlungen wären jedoch Acacia, Au Bon Climat, Calera, Gary Farrell, Iron Horse, La Crema, Pepperwood Grove, Steele, Sanford und Tantara.

Spätburgunder, Baden (€6 bis €20)

Wenn sich die badischen Winzer auf etwas verstehen, dann auf die Burgundersorten und insbesondere auf Spätburgunder. Da sie international noch wenig bekannt sind, kann man sie – noch – einigermaßen preiswert erwischen. Besonders berühmt ist der Kaiserstuhl, ein ehemaliger Vulkan mitten in der Rheinebene, der schon vor der globalen Erwärmung ein eher mediterranes Klima hatte – bedingt auch durch die dunklen, hitzespeichernden Vulkanböden. Von hier kommen sehr dichte Pinot Noirs, die trotz oft höherer Alkoholgehalte eher elegant als wuchtig daherkommen.

Pirat: Beaujolais aus Frankreich (€12 bis €20)

Beaujolais (Bo-scho-LÄH) wird in der Region Burgund erzeugt und ist die Ausnahme zu der Regel, dass alle Rotweine aus dem Burgund Pinot Noirs sind, denn er wird aus der Rebsorte Gamay bereitet und diese verleiht dem Wein eine ins Pink gehende, blassviolette Note. Vielleicht gelingt es euch ja sogar, den berühmten Beaujolais Nouveau zu ergattern. Der Verkauf beginnt stets am dritten Donnerstag im November und der Wein soll sehr, sehr jung getrunken werden. Wenn der Beaujolais euch schmeckt, wollt ihr euch vielleicht einen Vorrat für die anstehenden Festlichkeiten zulegen – nicht selten kann man eine ganze Kiste dieses Weins zum Preis einer Flasche Pinot Noir aus derselben Gegend erwerben. Legt diesen Wein unbedingt vor dem Servieren in den Kühlschrank; gekühlt präsentiert er sich gut. Ihr werdet diesen Piraten anhand des Unterschieds im Körper (er ist leichter) und in der Farbe (hellere Töne) erkennen. Außerdem sind die ganzen erdigen Eigenschaften von Pinot Noir im Beaujolais eher nicht vorhanden.

Die Verkostung

Die Höhe des Preises sagt bei Pinot Noir nicht immer etwas über das Endprodukt aus. Es gibt keine Garantie dafür, dass ein Appellation Village sehr viel besser sein wird als ein Vin de Bourgogne und ein Grand Cru ist nicht immer besser als ein Premier Cru.

Bei der Beschreibung werden die Vergleiche mit Essbarem (Kirsche, Brombeere etc.) dem Pinot Noir nicht immer gerecht. Seid also nicht überrascht, wenn euch beim Austausch über diese Traube Worte einfallen, die einen größeren Zauber ausdrücken: seidig, sinnlich, verführerisch, komplex, vielschichtig und so weiter. Und wenn euch die Worte fehlen, dann schaut mal, ob hier Attribute darunter sind, die euch an diesem Wein auffallen:

ZEIT UND TEMPERATUR

Die meisten Spätburgunder sollten jung getrunken werden. Normalerweise hat er etwas Zeit in der Flasche, bevor er in den Verkauf geht – sobald man ihn also kauft, ist er bereit für das Abend- oder noch besser Mittagessen desselben Tages. Es gibt ein paar Pinot Noirs, die den Zeittest bestehen, doch fünf bis sieben Jahre nach dem Datum der Ernte sind die goldene Mitte. Dieser Wein hat nicht den Geschmack eines großen Rotweins, daher tut ihm ein darüber hinaus dauerndes Nickerchen im Keller nicht sehr gut. Manche Erzeuger sagen jedoch, ihr Spätburgunder könne jahrzehntelang im Keller gelagert werden. Wann immer man aber nun beschließt, den Pinot Noir einzuschenken, sollte er ein klein wenig kälter serviert werden als die großen Rotweine. Man sollte gut 15 bis 17 °C anpeilen; das gelingt, wenn man ihn vor dem Öffnen 30 Minuten in den Kühlschrank legt.

FARBE Schimmerndes Rubinrot, samtig, ein Hauch Violett. Es kann ein durchsichtiger und geschmacklich großer Rotwein sein. Lasst euch nicht vom Aussehen in die Irre leiten.

AROMA Wiederum sind die Weine aus Amerika fruchtiger, mit Nuancen nach süßen roten Beeren, Pflaumen und Kirschen. Pinot Noir aus dem Burgund kann nach Pferdestall, Pilzen, Erde und auch muffig schmecken, amerikanische Pinot Noirs stellen den Eichengeschmack nach vorn, achtet also auf die cremige Vanille. Spätburgunder von der Ahr oder aus Baden balancieren zwischen Finesse und Kraft und bringen typische Aromen wie Erdbeere oder Sauerkirsche bis hin zu dunklen Früchten wie Holunder oder Brombeere hervor. Pinot Noirs können im Allgemeinen Rauch- und Ledernoten aufweisen sowie Kräuternoten wie Rosmarin, Thymian und Duft nach Kiefer, Eukalyptus und Pfefferminze. Unter den floralen Aromen können Flieder, Rose und Veilchen sein.

GESCHMACK Europäischer Pinot Noir hat tendenziell weniger Alkohol, einen leichteren Körper und ist subtiler sowie erdiger als amerikanischer. Amerikanische hingegen sind größer, kräftiger und fruchtbetonter. Während Pinot Noir aus der Alten Welt seine Erdigkeit nach vorn stellt, präsentiert amerikanischer die Eiche mit einem Hauch süßer Gewürze. Die Früchte dieses Weins sind normalerweise rote Beeren wie Erdbeeren, Himbeeren und Cranberrys.

KÖRPER Pinot Noir ist einer der leichtesten Rotweine, die wir bisher getrunken haben; er ist weicher als große Cabernets und hat mehr Finesse als Merlot. Pinot Noir ist seidig, geschmeidig und schmilzt im Mund, anstatt ihn im Sturm zu erobern.

FINALE Die Farbe ist vielleicht nicht gerade schrill, aber das Finale von Spätburgunder kann groß sein. Seine leichten Tannine und die klare Säure ergeben ein Finale, bei dem einem das Wasser im Munde zusammenläuft. Ihr werdet mehr davon wollen.

NOVEMBER

Rezepte

Pinot Noir

DAS PASST DAZU Das Tolle an Pinot Noir ist, dass er euch bei der Kombination mit Speisen selten enttäuschen wird. So waren auch Pinot Noirs aus Oregon die ersten, die die sakrosankte und vorhersehbare Regel »Rotwein zu Fleisch, Weißwein zu Fisch und Geflügel« brachen. Diese Weine sind flexibel und können zu beidem passen. Sie haben eine gute Säure und strotzen vor Fruchtaromen, zwei Eigenschaften eines guten Essensbegleiters. Und mit Gerichten, die speziell für Burgunderweine kreiert wurden, könnt ihr nichts falsch machen: Coq au Vin und Boeuf Bourguignon. Wir sind ja nun im November und ich bin Amerikanerin, lasst uns also bei dieser Weinparty an Thanksgiving denken. Wenn die Verwandtschaft mitsamt ihren Siebensachen abgereist ist, machen wir aus den Resten der Feiertagsschlemmerei leckere Horsd'œuvres.

Hefeflocken sind ein nussiges, nach Käse schmeckendes Würzpulver, das oft als Alternative für Milchprodukte verwendet wird. Diese Zutat ist der Clou in Salatdressings, Soßen und allem, das von einer salzigen, umami Zugabe profitieren kann wie beispielsweise dieses buttrige Popcorn.

Popcorn mit Rosmarin und Hefeflocken

FÜR 12 PORTIONEN

70 g gesalzene Butter

1 TL Cayennepfeffer

4 EL frischer Rosmarin, gehackt, sowie ein paar Zweige zum Garnieren

350 g gepoppter Mais, pur, ohne Salz und Butter

1 EL Hefeflocken zum Bestreuen

Salz

In einer Sautierpfanne Butter, Cayennepfeffer und Rosmarin vermischen und unter ständigem Umrühren erhitzen, bis die Butter geschmolzen ist und der Rosmarin duftet (ca. 2 Minuten).

In einer großen Schüssel mit den Händen Popcorn und geschmolzene Rosmarinbutter vermengen, bis das Popcorn gleichmäßig damit überzogen ist; währenddessen das Ganze großzügig mit Hefeflocken bestreuen. Salzen.

Die Schale Popcorn mit frischen Rosmarinzweigen garnieren und servieren.

Für diesen Appetizer bekomme ich mit Abstand die meisten Anfragen. Wer wenig Zeit hat, verwendet gekaufte Cranberrysoße, aber selbst gemacht ist sie viel aromatischer.

ERGIBT 12–14 RÖSTBROTSCHEIBEN

- 1 Baguette, schräg in ca. 1,5 cm dicke Scheiben geschnitten
- 2 EL ungesalzene Butter, geschmolzen
- 100 g rote Zwiebel, in Würfel geschnitten
- 120 ml Reisweinessig
- 65 g Zucker
- 2 EL eingelegter Ingwer, grob gehackt, oder 1 EL frischer Ingwer, geschält und gerieben
- ½ TL Chiliflocken
- ½ TL frischer Rosmarin, gehackt, plus ganze Nadeln zum Garnieren
- 240 g Cranberrysoße, selbst gemacht (Rezept folgt) oder gekauft
- 115 g Frischkäse

Bruschetta mit Cranberrys

Den Ofen auf 190 °C Ober-/Unterhitze (Umluft: 170 °C) vorheizen.

Die Baguettescheiben nebeneinander auf einem Backblech anordnen und mit etwas geschmolzener Butter einpinseln. 8 Minuten backen oder bis sie goldfarben und geröstet sind. Herausnehmen und zum Abkühlen beiseitestellen.

Einen Topf mit schwerem Boden auf mittlerer bis hoher Stufe aufsetzen. Rote Zwiebel, Essig, Zucker, eingelegten Ingwer und Chiliflocken hineingeben und vermengen. Köcheln lassen, bis der Essig um mehr als die Hälfte reduziert ist und der Zucker beginnt, zu karamellisieren (die rote Zwiebel wird rosa und glasig). Die Hitze verringern und gehackten Rosmarin sowie Cranberrysoße einrühren. Wieder zum Kochen bringen, dann vom Herd nehmen und vollständig erkalten lassen.

Für die Bruschetta jede Röstbrotscheibe mit ca. 1 EL Frischkäse bestreichen, 1–2 gehäufte EL Cranberrysoße darübergeben und mit Rosmarinnadeln garnieren.

**ERGIBT CA.
750 G CRANBERRYSOSSE**

140 g frische Cranberrys, Stiele und schlechte Beeren aussortiert

100 g Zucker

1½ TL abgeriebene Orangenschale

120 ml Wasser

Cranberrysoße

Einen Topf mit schwerem Boden auf hoher Stufe aufsetzen, Cranberrys, Zucker, 120 ml Wasser und die Orangenschale hineingeben und verrühren und unter gelegentlichem Umrühren zum Kochen bringen. Die Hitze auf mittlere Stufe verringern und köcheln lassen, bis die Cranberrys aufgeplatzt sind. Nach Bedarf weiterrühren, damit der Zucker nicht am Pfannenboden ansetzt oder anbrennt. Kochen, bis die Soße dick geworden ist und am Rücken eines Holzlöffels haftet.

Vom Herd nehmen und in einen hitzebeständigen Behälter umfüllen.

Abkühlen lassen und abgedeckt in den Kühlschrank stellen (bis zu 1 Woche).

Wer keine Truthahnfleischreste für diese Potsticker hat, kann auch Hühnchenfleisch nehmen. Pinot Noir hat normalerweise weniger Alkohol und kann ein bisschen Würze vertragen. Nehmt also beim Essen ein Schlückchen und schaut, wie er darauf reagiert.

Potsticker mit Thanksgiving-Truthahn und Chiliöl

ERGIBT 30–35 TEIGTASCHEN

- 210 g Truthahnfleisch, gar, fein gehackt
- 100 g klein gewürfeltes Brot
- 24 g Frühlingszwiebeln, nur die grünen Spitzen, in Ringe geschnitten
- 1 Eiweiß, etwas verquirlt
- 2 EL dunkles Sesamöl
- 2 TL Sojasoße oder Tamari
- 2 TL frischer Ingwer, geschält und gehackt oder gerieben
- ½ TL schwarzer Pfeffer aus der Mühle
- ¼ TL Salz, grob gemahlen
- 340 g fertige Wantanblätter, gekühlt oder tiefgekühlt, rund oder quadratisch
- Pflanzen- oder Erdnussöl zum Braten
- gerösteter Sesam zum Garnieren
- 120 ml Chiliöl zum Beträufeln oder als Dip

Truthahnfleisch, Brotwürfel, Frühlingszwiebel, Eiweiß, Sesamöl, Sojasoße, Ingwer, Pfeffer und Salz in eine mittelgroße Schüssel geben. Mit einem Holzlöffel oder einer Gabel gründlich vermengen.

In einem großen Topf Wasser auf hoher Stufe zum Kochen bringen.

Auf einer sauberen Arbeitsfläche ein paar Wantanblätter auslegen und eine kleine Schale mit Wasser bereitstellen. Mit der Fingerspitze oder einem kleinen Backpinsel die Ränder der Wantanblätter leicht mit etwas Wasser bestreichen (dann kleben sie beim Formen der Wantans besser).

In die Mitte der Teigblätter jeweils eine kleine Menge (ca. 1 EL) Füllmasse geben und die Wantans in der Mitte falten, sodass ein Halbkreis oder ein Dreieck gebildet wird, je nach der Form des Teigblatts. Um die Füllung herum vorsichtig die Luft aus dem Wantan herausdrücken und die Ränder der Teigtasche fest verschließen, indem sie mit den Fingerspitzen zusammengepresst werden. So fortfahren, bis die Füllung und/oder die Teigblätter aufgebraucht sind. An diesem Punkt könnten die

Teigtaschen – nebeneinander gelagert – eingefroren und für späteren Verzehr aufbewahrt werden.

Sobald das Wasser sprudelnd kocht, ein paar Teigtaschen hineingeben und umrühren, damit sie nicht aneinander oder am Boden kleben bleiben. Sobald sie an die Oberfläche steigen, sind sie gar. Mit einem Schöpf- oder Gitterlöffel herausnehmen und auf einem Teller beiseitestellen. An diesem Punkt könnten die Teigtaschen zum Abkühlen beiseitegestellt und in einem Behälter mit Deckel im Kühlschrank aufbewahrt werden, bis es so weit ist, sie zu braten und zu servieren.

Eine beschichtete Sautierpfanne auf mittlerer bis hoher Stufe aufsetzen und ca. 1 EL Pflanzenöl hineingeben. So viele Teigtaschen hineinsetzen, wie ohne Gedränge in die Pfanne passen. Von jeder Seite ein paar Minuten anbraten, bis sie golden und knusprig sind. So fortfahren, bis alle Teigtaschen gebraten sind.

Mit dem gerösteten Sesam bestreuen. Entweder mit Chiliöl beträufeln oder das Chiliöl in einer kleinen Schale mit kleinem Servierlöffel dazu reichen.

Gorgonzola, der eher etwas milder ist als andere Blauschimmelkäse, ist für diese Pizza in der Kombination mit reifen Birnen perfekt. Und noch leckerer ist er, wenn man dazu ein Glas Pinot Noir kredenzt.

Pizza mit Birne und Gorgonzola

ERGIBT 1 PIZZA

455 g Pizza-Fertigteig

Olivenöl zum Bestreichen

2 große reife Williams-Christ-Birnen, ohne Kernhaus, in dünnen Scheiben; ca. 420 g

140 g Gorgonzola, zerkrümelt

Einen Pizzastein im Ofen bei 200 °C Unter-/Oberhitze (Umluft: 180 °C) vorheizen. Wer keinen Pizzastein hat, verwendet ein Backblech.

Den Teig auf einem Pizzaschieber oder einem randlosen Backblech passend ausdehnen (rund oder rechteckig) und mit Olivenöl bestreichen. Die Birnenscheiben gefächert auf dem Teig schichten und dabei den zerkrümelten Gorgonzola zwischen die Scheiben streuen. Die Pizza auf den vorgeheizten Stein oder das vorgeheizte Blech schieben (einschießen). 20 bis 25 Minuten backen oder bis die Kruste eine goldene Farbe hat.

Aus dem Ofen nehmen und vor dem Aufschneiden ein wenig abkühlen lassen.

Parfaits sind herrlich als gelungenes Partyfood, einfach weil diese Schichten so schön aussehen. Dieses Parfait aus der Füllung von amerikanischem Kürbiskuchen, dem Pumpkin Pie, fängt die Aromen des Herbsts ein. Kredenzt in Weingläsern rundet es die diesmonatige Weinparty daher perfekt ab. Man könnte auch zwei übrig gebliebene Pies jeweils teilweise verwenden und die Hälfte der Parfaits zum Beispiel mit Apfelkuchen-Füllung und die andere Hälfte mit Kürbiskuchenfüllung zubereiten.

Parfait aus Pumpkin-Pie-Füllung

ERGIBT 12 KLEINE PARFAITS

1 zubereiteter amerikanischer Kürbiskuchen (Pumpkin Pie), ø 20 oder 23 cm

480 g hochwertige Sour Cream

60 ml hochwertiger Ahornsirup

2 EL Orangensaftkonzentrat

½ TL Pumpkin-Pie-Gewürz

200 g Schlagsahne, frisch aufgeschlagen

90 g Vollkornkekse, zerstoßen

äußere Schale von 1 Orange, in dünne Streifen geschnitten

Beim Pumpkin Pie die Füllung vom Boden kratzen. Kuchenboden entsorgen oder verputzen.

In einer mittelgroßen Schale Sour Cream, Ahornsirup, Orangensaftkonzentrat und Pumpkin-Pie-Gewürz miteinander verquirlen.

In die Gläser als Erstes je etwa 2–3 EL Pumpkin-Pie-Füllung geben. Darauf eine Schicht Sour-Cream-Gemisch geben und schließlich eine Schicht Schlagsahne. Diese Schritte wiederholen, bis die Gläser voll sind. Mit zerstoßenen Vollkornkeksen bestreuen und einen Streifen Orangenschale daraufgeben.

Sofort servieren oder im Kühlschrank bis zu 4 Stunden oder aber über Nacht aufbewahren.

DEZEMBER

Schaumweine

Kapitel 12

DEZEMBER

12

Korken knallen lassen ist nicht nur etwas für Hochzeiten oder die Silvesternacht. Champagner, Sekt und andere Schaumweine sind das ganze Jahr über eine feine Sache und immer ein Garant für höchst angenehm verbrachte Zeit. Sie sind also die perfekte Wahl, um ein Jahr der Weinverkostungspartys zu feiern.

Über Champagner, Sekt und andere Schaumweine

Mal im Ernst, was muss man schon groß wissen, um Champagner, Sekt und andere Schaumweine zu genießen? Vermutlich habt ihr schon so ein, zwei Mal im Leben das Glas erhoben und herrliche Zeiten damit erlebt. Und ob man beim Genuss von Champagner die gleichnamige Region auf der Karte zeigen kann oder nicht (ja, es gibt sie), spielt dabei wohl keine Rolle. Seid ihr bereit, etwas tiefer einzutauchen? Hier kommt euer Crashkurs.

Ein Wort zu Champagner und Sekt

Ist euch jemals aufgefallen, dass prickelnde Weine manchmal als Champagner bezeichnet werden und manchmal als Schaumwein, Sekt oder noch anders? Jeder Wein, der schäumt, kann Schaumwein genannt werden, aber nicht alle schäumenden Weine kann man Champagner nennen. Technisch gesehen muss der Sprudler aus der nordfranzösischen Region Champagne kommen, damit er als Champagner bezeichnet werden kann. Deswegen sagen wir aus Respekt (und weil die Erzeuger von französischem Champagner dazu neigen, diesbezüglich ihr Revier zu verteidigen) zu anderen prickelnden Getränken Sekt oder Schaumweine. Spezielle Schaumweine aus anderen Teilen der Welt hören auf unterschiedliche Namen, als da beispielsweise wären:

CAVA Schaumwein aus Spanien

PROSECCO italienischer Sprudler

VIN MOUSSEUX/CRÉMANT französischer Schaumwein, außerhalb der Champagne erzeugt

SPUMANTE kräftig schäumender Wein aus Italien

FRIZZANTE leicht schäumender Wein aus Italien

SEKT Sprudler aus Deutschland

SCHAUMWEIN Sprudler aus Kalifornien, Australien und anderen nicht aufgeführten Gegenden werden einfach als Schaumwein bezeichnet.

Zwei der berühmtesten französischen Champagner überhaupt sind nach Personen benannt, der eine nach einem Mönch, der andere nach einer Witwe. Dem Namen nach kennt ihr den Mönch, Dom Pérignon, und vom Sehen kennt ihr womöglich die Witwe Cliquot, auf Französisch Veuve Cliquot. Deren leuchtend orange-gelbes Etikett ist auf vielen Feierlichkeiten anzutreffen. Diese beiden sind nach Persönlichkeiten benannt, die – wie die Geschichte besagt – bei der Entwicklung des prickelnden Getränks, das wir heute genießen, eine wichtige Rolle spielten.

Für mich nur »Flaschengärung«, bitte!

Es stimmt, ab und zu ist es großartig, den Korken eines echten Champagners aus der französischen Region Champagne knallen zu lassen. Doch wenn ihr etwas Prickelndes trinken möchtet, ohne einen solchen Batzen Geld auszugeben, könnt ihr auch problemlos hochwertige Schaumweine aus anderen Gegenden der Welt finden. Wenn dieser Stil euch gefällt, ist es hilfreich, auf dem Flaschenetikett nach »klassische« oder »traditionelle« Flaschengärung zu suchen. Es bedeutet, dass der entsprechende Schaumwein mit dem komplizierten, arbeitsaufwendigen Verfahren bereitet wurde, mit dem der echte Champagner erzeugt wird. Solche Schaumweine sind im Allgemeinen interessanter als diejenigen, die mit dem weniger teuren Tankgärverfahren erzeugt wurden, bei dem der Schaumwein in sehr großen Tanks hergestellt und erst danach in Flaschen abgefüllt wird.

Was ist ein gutes Jahr?

Vielleicht fällt euch auf, dass viele Champagner, Sekte und andere Schaumweine keinen Jahrgang (Erntejahr) auf dem Etikett stehen haben. Das bedeutet, dass sie aus Trauben von mehreren Jahren bereitet wurden. Grund dafür ist, dass die Erzeuger eine Auswahl aus den Trauben verschiedener Jahre treffen, um den Stil zu erreichen, den sie haben wollen.

In manchen Jahren ist die Qualität der Trauben so umwerfend gut, dass der Winzer sie als Jahr für Jahrgangsweine einstuft und einige Weine abfüllt, die dies hervorheben. Jahrgangschampagner, -sekte und -schaumweine gelten normalerweise als hochwertiger und es gibt weniger Flaschen. Sie sind daher teurer.

Im richtigen Glas

Anders als die meisten anderen Weine in diesem Buch profitieren die prickelnden Köstlichkeiten dieses Kapitels von speziellen Gläsern.

SCHALE Sehr old school. Der Legende nach sind diese Gläser Marie-Antoinettes Brüsten nachempfunden. Das ist zwar eine ganz großartige Geschichte, aber Schaumweinschalen sind eigentlich überhaupt nicht ideal, denn wegen der weiten Öffnung entweichen die Bläschen zu schnell.

TROMPETE ODER FLÖTE MIT BREITER ÖFFNUNG Elegant, aber hier stellt man Fashion über Function. Champagner- oder Schaumweinflöten hält man am Stiel (in diesem Fall ist es ein hohler Stiel). Mit diesem Design erwärmt sich der Schaumwein in der Hand und obendrein entweichen die Bläschen wegen der weiten Öffnung zu schnell.

FLÖTE Sucht nach einer Schaumweinflöte mit kleiner Öffnung und langem, schlankem Stiel. So können sich die wunderschönen Bläschen nicht so schnell verflüchtigen.

TULPE Mit schlankem Stiel, einem Kelch in guter Größe und leicht verjüngter Öffnung ist dies die erste Wahl, um das Aroma eurer Schaumweine zu würdigen.

Weinsprache

BLANC DE BLANCS Dieser Begriff bedeutet wörtlich »Weißer aus Weißen« und bezieht auf Schaumwein, der ausschließlich aus weißen Trauben hergestellt ist.

BLANC DE NOIRS Dieser Begriff bedeutet wörtlich »Weißer aus Schwarzen« und bezieht sich auf einen Schaumwein, der einer roten (dunklen) Rebsorte wie zum z. B. Pinot Noir bereitet ist.

BRUT Nach diesem Wort muss man suchen, wenn man etwas wirklich Trockenes möchte.

CUVÉE Manchmal liest man »Cuvée« auf einem Etikett; das informiert lediglich darüber, dass der Wein ein Verschnitt aus verschiedenen Rebsorten ist.

DEMI-SEC Bedeutet wörtlich »halbtrocken«, und das ist recht lieblich.

DOUX ODER DOLCE Das heißt lieblich auf Französisch beziehungsweise Italienisch.

EXTRA DRY ODER EXTRA SEC Ist verwirrenderweise nicht so trocken wie brut.

MOUSSE Der Schaum auf dem Wein, wenn man den Sprudler eingießt.

PERLAGE Die kleinen Ketten aus winzigen Bläschen, die man im Schaumwein aufsteigen sieht. Man denke an Halsketten aus winzigen Perlen.

ULTRA BRUT, EXTRA BRUT ODER BRUT NATURE Dies bedeutet, so trocken wie es nur geht – wirklich ausgesprochen trocken. Brut wird übrigens »brüt« ausgesprochen.

Die Auswahl im Dezember

Zeit für eine »Weltreise« für Champagner, Sekt und Schaumweine. Mit der folgenden Auswahl bekommt ihr einen geschmacklichen Eindruck von der Vielfalt der Stile bei den Sprudlern rund um den Erdball. Wählt mindestens fünf Schaumweine aus diesen Kategorien, damit ihr euer erstes Verkostungsjahr stilvoll vollenden könnt. Cheers!

Cava aus Spanien (€7 bis €15)

Cava hat eher größere Bläschen und weniger »Perlenketten«.

Prosecco aus Italien (€8 bis €12)

Diese Sprudler können klar, fast wässrig sein und sind weniger aggressiv in ihren Bläschen als kalifornische Schaumweine oder französischer Champagner. Pfirsich- und Aprikosennoten sind typisch für Prosecco.

Schaumwein aus Kalifornien (€25 bis €30)

Kalifornische Schaumweine neigen zu hefigen Aromen nach gebackenem Brot und enden mit einem cremigen Finale am mittleren Gaumen.

Champagner aus der Champagne, Frankreich (€30 bis €45)

Viele »Perlenketten« mit winzigen Bläschen sind typisch für Champagner. Farblich reicht die Bandbreite von Strohgelb bis zu satten Goldtönen, wenn es Jahrgangssekte sind.

Blanc-de-Noirs-Sekt aus Württemberg (€10 bis €20)

Schon in der ersten Hälfte des 19. Jahrhunderts entstand in Württemberg das erste Sekthaus, gegründet von einem deutschen Heimkehrer aus der Champagne. Außergewöhnlich ist, dass in dieser Region rund um Stuttgart und Heilbronn traditionell mehr rote als weiße Trauben angepflanzt werden, insbesondere Trollinger, Lemberger und Spätburgunder. Was liegt da näher, als aus den Rotweintrauben auch weiße Sekte – Blanc de Noirs – herzustellen.

PLOPP!

Oft ist vom »Korken knallen lassen« die Rede, aber die Kehrseite davon ist, dass man mit Herausschießen des Korkens auch etwas vom Sprudler verliert. Versucht also, die Korken mit einem Flüstern aus der Flasche zu locken, statt sie knallen zu lassen – es ist sexier und ihr habt mehr von dem feinen Getränk zum Genießen. Folgt dafür folgenden Schritten:

1. **FESTHALTEN** Es ist wichtig, die Flasche gut und entspannt in den Händen zu halten. Die Flasche mit der schwächeren Hand unten am Boden fassen und die stärkere Hand auf den Korken legen, um den Druck in der Flasche zu bändigen.
2. **FOLIE ENTFERNEN** Die Folie vom Drahtgeflecht - der Agraffe -entfernen, das den Korken fixiert. Unter der Folie ist das Drahtgeflecht mit einer kleinen runden Schlaufe zu sehen. Den Korken mit einem Geschirrtuch oder einer Serviette festhalten, Schlaufe nach unten biegen und aufdrehen, um das Drahtgeflecht zu lockern und abzunehmen.
3. **UND JETZT DIE DREHUNG** Die Flasche in einem 45-Grad-Winkel von sich (und allen anderen!) weggeneigt halten. Mit dem Tuch, das oben auf der Flasche liegt, den Korken mit einer Hand greifen und mit der anderen Hand behutsam die Flasche – nicht den Korken – drehen. Den Korken vorsichtig vom Druck in der Flasche herausbefördern lassen; das Tuch fängt den Korken und eventuelle kleine Schaumspritzer auf.
4. **ZISCH ODER KNALL?** Ob der Korken mit einem eleganten Zischen herauskommt oder mit einem Knall, bei dem sich alle umdrehen, hängt davon ab, wie viel Druck man auf dem Korken lässt. Für das Zischen lässt man mehr Druck auf dem Korken, während er sich langsam herausbewegt.
5. **ORDENTLICH EINGESCHENKT** Wir alle haben schon die Bläschen in Schaumweinen unterschätzt und am Ende einen Vulkanausbruch verursacht. Will man diesen Sprudler trinken – und nicht am Leib tragen – gießt man in zwei Schritten ein. Zu Beginn 30 ml ins Glas gießen (»das Glas grundieren«). Die Bläschen zur Ruhe kommen lassen, dann fertig eingießen, bis das Glas etwa zu zwei Dritteln gefüllt ist. So lässt man den energiegeladenen Bläschen Raum zum Hochsprühen, bevor sie sich niederlassen.

Pirat

NEHMT IN DIESEM MONAT EINEN ALKOHOLFREIEN SCHAUMWEIN IN EURE VERKOSTUNG AUF. Dadurch könnt ihr erkennen, was der Alkohol zum Wein beiträgt (außer einem Schwips). Zudem ist es immer angemessen, Gästen, die keinen oder sehr wenig Alkohol trinken, ein alkoholfreies Getränk anzubieten. Da die Entalkoholisierung von Wein bereits 1907 im Rheingau erfunden wurde, suchen wir uns dort einen Piraten, der euch hilft, eine gute prickelnde Option zu finden.

Die Verkostung

Schwenken oder nicht schwenken? Bei Schaumweinen ist das in der Tat eine Frage. Puristen sagen: keinesfalls. Nach einem Jahr mit Verkostungspartys werdet ihr aber vermutlich so ziemlich alles schwenken, sogar Gläser mit Wasser! Also nehmt das Leben leicht und nehmt euch oder euren Wein nicht so ernst. Wer schwenken will, schwenke!

ZEIT UND TEMPERATUR

Die meisten Lehrwerke über Wein empfehlen, Schaumweine bei Temperaturen zwischen 5 °C und gut 8 °C zu servieren. Ich hingegen rate zu 6 °C bis 10 °C. Je kälter ein Wein ist, desto mehr Aromen sind verdeckt, und ihr wollt doch wohl unbedingt die Aromen eurer Schaumweine schmecken.

Bedenkt, dass die meisten Kühlschränke auf ca. 4,5 °C eingestellt sind, ihr müsst also eventuell vor dem Servieren die Einstellung anpassen. Wenn sie euch direkt aus dem Kühlschrank zu kalt sind, lasst die Flasche vor dem Servieren etwa eine halbe Stunde auf der Arbeitsplatte stehen. Denkt auch daran, dass sich der Schaumwein, wenn er erst mal eingegossen ist, weiter erwärmen wird, während ihr davon trinkt und euch unterhaltet, esst, lacht. Zerbrecht euch also nicht übermäßig den Kopf über die exakte Temperatur. Haltet inne und seid aufmerksam, wenn ihr den Schaumwein trinkt, denn mit dem Erwärmen im Glas verändern sich auch die Aromen. (Eine Warnung zu warmem Schaumwein: Nicht öffnen – er explodiert!)

Schaumweine sollte man direkt nach dem Öffnen trinken. Wenn ihr viel Schaumwein trinkt, möchtet ihr vielleicht in einen Schaumweinverschluss investieren. Dieses kleine Utensil bekommt man in Weinhandlungen, Feinkostläden und gut sortierten Haushaltswarenabteilungen und es rettet eure Sprudler über drei oder vier Tage. Im Notfall könnt ihr auch ein Stück von der Alufolie, die bei der Blindverkostung verwendet wird, so zusammenknüllen und in die Flaschenöffnung stopfen, dass sie ca. 2,5 Zentimeter tief hineinragt und dennoch oben übersteht und die Öffnung bedeckt. Dies kann bis zum Brunch am nächsten Tag halten, vielleicht sogar bis zum Abendessen. Schäumt der Schaumwein gar nicht mehr, kann man ihn im Kühlschrank aufheben und zum Kochen verwenden, wenn ein trockener Weißwein gebraucht wird.

FARBE Schaumweine haben je nach Stil ein ganz erhebliches Farbspektrum. Blanc de Noirs gehen beispielsweise etwas ins Pinkfarbene, Rosé-Schaumweine haben ein helles Lachsrosa bis Pink. Ihr werdet bemerken, dass sogar die klaren oder weißen Sprudler farblich variieren; manche Proseccos können unglaublich klar und hell aussehen, fast wässrig. Andere hingegen wie Jahrgangs-Champagner haben tiefgoldenere Nuancen. Achtet auch auf die Perlage: Sind die Bläschen klein oder groß, steigen sie in vielen Perlenkettchen auf oder in nur wenigen? Menge und Größe der Bläschen unterliegen tatsächlich dem individuellen Einfluss der einzelnen Winzer. Nicht nur dem Champagner sind winzige Bläschen eigen. Auch andere Schaumweine, wie beispielsweise Winzersekte, sind gleichermaßen elegant und besitzen eine nicht enden wollende, superfeine Perlage. Und ganz genauso gibt es Schaumweine aus vielen Weingebieten und auch aus Frankreich mit großen Bläschen.

AROMA Zu den Dingen, die ihr bei den Schaumweinen riechen werdet, gehören auch Hefe- oder Röstaromen, Zitrus, Birne, Apfel und Blumendüfte. Prosecco ist oftmals für seinen Duft nach Pfirsich und Aprikose bekannt, während Champagner und kalifornische Schaumweine Aromen von frisch gebackenem Brot, Hefe und Röstbrot neben fruchtigen Aromen auf den Tisch bringen. In den Blanc de Noirs zeigen sich Aromen von getrockneten Erdbeeren, reifen Himbeeren und Kirschen.

GESCHMACK Schaumweine präsentieren alles von Zitrus- über Gewürz- und Röstaromen bis zu Grapefruitnoten. Wichtig ist – und danach solltet ihr suchen –, dass die geschmacklichen Komponenten ausgewogen sind und die Süße nicht die Säure überdeckt.

KÖRPER Schaumweine sollten einen leichten Körper haben (es sei denn, es handelt sich um Dessertweine). Andere Begriffe, nach denen ihr Ausschau halten könnt, sind sauber, knackig oder – mein Lieblingsbegriff – funkelnd, wie kleine Sternchen im Mund. Verleihen die Weine mit stärkerer Perlage euch ein anderes Mundgefühl? Ihr werdet merken, dass italienische Schaumweine im Allgemeinen nicht so forsch sprudeln, während die meisten kalifornischen, französischen und deutschen Schaumweine vom ersten bis zum letzten Schluck eine kräftige Perlage haben. Generell kann man sagen, je eleganter der Wein, desto mehr erlebt man eine dauerhafte Mousse und zahlreiche Perlenketten aus winzigen Bläschen.

FINALE Ein Schaumwein bleibt nie so lange wie große Rotweine. Die meisten sind sauber und knackig wie z. B. ein Rieslingsekt. Manche verweilen mild und bei länger Gereiften erlebt man ein längeres Finale. Schaumweine lassen einem das Wasser im Mund zusammenlaufen. Die meisten Champagner und kalifornischen Sprudler, die Aromen von gebackenem Brot besitzen, werden normalerweise mit einem cremigen Finale am mittleren Gaumen enden. Beim Nachdenken über das Finale eines Schaumweins solltet ihr auf das Mundgefühl achten sowie darauf, wie lange diese Wahrnehmungen bestehen bleiben.

DEZEMBER

Rezepte

Schaumweine

DAS PASST DAZU Die Schaumweinverkostung ist eine perfekte Zugabe zu den Festtagen und diese Appetizer sind dem Anlass absolut angemessen. Kaviar und Champagner sind quasi füreinander geschaffen und ein Schaumwein ist außerdem das ideale Getränk, um die Cremigkeit einer Zwiebeltarte oder die Schärfe von Chili-Honig zu durchbrechen. Und wir beschließen die Verkostung mit der ultimativen Schaumwein-Kombination: Erdbeeren und Schokolade.

Kaviar muss kein Vermögen kosten. Es sind auch inländische Fischeiprodukte erhältlich, die sich für diesen Appetizer sehr gut eignen. Bedenkt, dass man hier mit einer kleinen Menge weit kommt, ihr braucht ihn also nicht kiloweise. Einmal probiert werdet ihr spüren: Dieser salzige, würzige Bissen schreit geradezu nach einem Schaumwein.

Kaviar und Kartoffelchips

ERGIBT 20–24 CHIPS

60 g Sour Cream

5 g frischer Schnittlauch, gehackt

30 g Kaviar (siehe Anmerkung)

Kessel-Kartoffelchips, wenig oder gar nicht gesalzen

Anmerkung: Statt Kaviar kann man auch Kaviarersatz verwenden, also Eier von anderen Fischen als dem Stör. Dieser wird unter anderem auch in Deutschland hergestellt, trägt nicht zur Ausrottung gefährdeter Fischarten bei und kostet weniger.

Sour Cream und gehackten Schnittlauch in kleinen Schalen mit kleinen Servierlöffeln reichen. Die geöffnete Dose mit Kaviar (oder Kaviarersatz) in einer kleinen, mit Eis gefüllten Schale präsentieren und einen kleinen Servierlöffel bereitlegen. Nun in die Mitte eines Kartoffelchips erst einen Klecks Sour Cream und darauf eine kleine Menge Kaviar geben und mit Schnittlauch bestreuen.

Mit »Texas-Toast« sind dicke Scheiben von etwas gemeint, was manche als Knoblauchbrot definieren würden. Herrlich zum Auftunken von Soße und pur ebenfalls lecker. Meine Version bekommt eine Runderneuerung mit Frischkäse und Chili-Honig.

Texas-Toast mit Manchego und Chili-Honig

ERGIBT CA. 30 STÜCK

1–2 Tiefkühl-Knoblauchbaguette(s), ohne Endstücke, Gewicht insgesamt ca. 330 g

90 g Honig

gut 2 EL Apfelessig

gut ½ TL Chiliflocken

½ TL scharfe Soße

ca. 30 dünne Scheiben Manchego

Das Knoblauchbrot gemäß Packungsangabe im Ofen backen oder bis es gebräunt und geröstet ist. Abkühlen lassen, die Scheiben trennen und halbieren.

In der Zwischenzeit Honig, Essig, Chiliflocken und scharfe Soße in einer mikrowellengeeigneten Schüssel miteinander verrühren. 1 Minute in die Mikrowelle geben.

Jede halbe Baguettescheibe mit 1 Scheibe Käse belegen. Auf einer Servierplatte anrichten, mit dem warmen Honiggemisch beträufeln und servieren.

Denkt bei diesem Appetizer an eine Vorspeisenplatte am Spieß. Ihr könnt die Spieße so bestücken, wie es euch gefällt, aber diese Version sieht sehr hübsch auf der Servierplatte aus und wird euren Gästen mit Sicherheit gefallen. Ihr braucht 12 Spieße (15 cm lang).

Antipasti-Spieße

ERGIBT 12 SPIESSE

12 Tortellini mit Spinat und Käse gefüllt, gekocht und abgekühlt

12 Kirschtomaten

12 kleine Mozzarella-Kugeln (Bocconcini)

1 EL italienische Vinaigrette

1 EL geriebener Parmesan

12 grüne Oliven, ohne Kern

12 Salamischeiben, halbiert, zu Dreiecken gelegt

12 Basilikumblätter

6 marinierte Artischockenherzen, halbiert

6 Peperoncini, schräg halbiert

12 schwarze oder Kalamata-Oliven, ohne Kern

Tortellini, Kirschtomaten, Mozzarella-Kugeln, italienisches Dressing und Parmesan in eine Schüssel geben. Vermengen, sodass alle Zutaten mit Dressing überzogen sind.

Die Spieße zubereiten: Je 1 grüne Olive, 1 Salami-Dreieck, 1 Mozzarella-Kugel, 1 Basilikumblatt (zusammengefaltet oder gewellt), 1 Kirschtomate, 1 halbes Artischockenherz, noch 1 Salami-Dreieck, 1 halbes Peperoncino, 1 Tortellino und zum Schluss 1 schwarze (oder Kalamata-)Olive aufspießen. Zum Servieren auf einer Platte anrichten.

Der Erste, der diese Tarte für mich zubereitet hat, war der Koch Todd Immel in Atlanta. Ich habe mich von seiner Restaurantversion inspirieren lassen und ein einfaches, weinpartytaugliches Rezept erstellt. Nach einem Bissen dieser Torte reinigt nichts den Gaumen besser als ein Schlückchen Schaumwein.

Cremige Zwiebeltarte

ERGIBT 24 STÜCK

Fertig-Mürbeteig für eine 20 x 20 cm große Backform

2 EL ungesalzene Butter

300 g süße, milde Gemüsezwiebel, gehackt (in Amerika nehmen wir die Vidalia)

1 TL grob gemahlenes Salz

schwarzer Pfeffer aus der Mühle

40 ml Vollmilch

30 ml Sahne

2 Eigelb

½ TL Muskat, frisch gerieben

Den Ofen auf 200 °C Ober-/Unterhitze (Umluft: 180 °C) vorheizen. Eine 20 × 20 cm große Backform mit Backpapier auskleiden. Es sollte 20 cm breit und 35 cm lang sein und an den Seiten überhängen. So lässt sich die Tarte leichter herausnehmen.

Den Teig in die Form drücken und so abschneiden, dass er an den Kanten nur 2 cm hochsteht. Boden und Seiten mit einer Gabel mehrmals einstechen. Den Teig 9 Minuten backen. Aus dem Ofen nehmen und abkühlen lassen. Dieser vorgebackene Tarte-Boden kann auch am Vortag zubereitet und fest mit Frischhaltefolie abgedeckt werden.

Die Butter in einer beschichteten Pfanne auf mittlerer Stufe schmelzen. Zwiebel, ½ TL vom Salz und Pfeffer aus der Mühle hinzugeben und glasig anschwitzen (10–12 Minuten).

Milch und Sahne mischen. Eigelbe und 60 ml des Milch-Sahne-Gemischs in einer kleinen Schüssel verquirlen. Die glasig gegarten Zwiebeln vom Herd nehmen und das Ei-Gemisch hinzugeben; durch stetiges Umrühren gleichmäßig verteilen. In eine Schüssel füllen und den restlichen EL Milch-Sahne-Gemisch, restliches Salz und Muskat hinzugeben. Zum Abkühlen 5 Minuten ins Gefrierfach stellen. Umrühren und nochmals 5 Minuten ins Gefrierfach stellen. Das Gemisch sollte etwas warm, aber nicht heiß sein. Das Zwiebelgemisch kann 2 Tage im Voraus zubereitet und abgedeckt im Kühlschrank aufbewahrt werden. Die Zwiebelmischung vor der Weiterverarbeitung auf Zimmertemperatur abkühlen lassen.

Die Ofentemperatur auf 190 °C Ober-/Unterhitze (Umluft: 170 °C) verringern.

Die Zwiebelmischung gleichmäßig auf dem vorgebackenen Tarte-Boden verteilen. Die Tarte 12 Minuten in den Ofen geben, damit die Mischung fest wird. Danach 2–3 Minuten mit eingeschalteter Grillfunktion weiterbacken, bis die Oberfläche gerade so eben goldbraun wird.

Die Tarte mithilfe des Backpapiers aus der Form heben. Der Teig ist mürbe, daher mit sägender Bewegung in 24 Stücke schneiden, so groß wie 2 Bissen.

Tiramisu ist Italienisch für »Zieh mich hoch«. Dieses herrliche Dessert macht aus einer mit Schokolade überzogenen Erdbeere, ihrerseits seit langer Zeit Begleiterin von Schaumwein, eine Tiramisu-Variation. Die Erdbeeren werden mit süßem Mascarpone – wie in dem italienischen Dessert – gefüllt und dann in Schokolade getaucht. Ein luxuriöses, köstliches süßes Finale für dieses Jahr der Weinverkostungen.

Erdbeer-Tiramisu

ERGIBT 12 STÜCK

12 große süße Erdbeeren
120 g Mascarpone
2 TL Puderzucker, gesiebt
85 g dunkle Schokolade, gehackt

Ein Backblech mit Backpapier oder Wachspapier auslegen.

Mit einem scharfen kleinen Messer einen kleinen Kreis aus der Unterseite der Erdbeeren herausschneiden; Stielansatz intakt lassen. Die Mitte aushöhlen.

In einer kleinen Schüssel Mascarpone und Puderzucker verrühren. In eine Spritztüte mit kleiner, runder Tülle füllen. Die Mascarponemasse in die Erdbeeren hineinspritzen.

Die Schokolade im Wasserbad schmelzen. Die Erdbeere am Stielansatz halten und in die geschmolzene Schokolade tauchen. Überschüssige Schokolade abtropfen lassen. Die Erdbeeren danach auf das vorbereitete Backblech legen. Bis zum Verzehr in den Kühlschrank stellen.

Anmerkung: Wer keine Spritztüte mit Tüllen besitzt, den möchte ich ermutigen, sich so etwas anzuschaffen. Man findet sie in den meisten Supermärkten oder online. Horsd'œuvres werden damit viel niedlicher! Und mit dem passenden Werkzeug ist diese Aufgabe sehr viel leichter, als wenn man sich behelfsmäßig mit einem Gefrierbeutel abquält.

Danksagung

Eine Seite reicht gar nicht aus, um auszudrücken, wie aufrichtig dankbar ich allen bin, die mein Leben berühren, aber ich werde es versuchen.

Vor allem danke ich meinem Mann Michael: Danke für all deine Unterstützung, deine Geduld und dein unerschütterliches Vertrauen in den Prozess. Du bist so eine Art geheimer Superheld. Dir gehört meine ganze Liebe, für immer.

Es gibt kein Buch ohne die Menschen um mich herum, die mich unterstützen und lieben, und in diesem Fall, die dieses Buch *Cheers!* lieben. Diese Idee begann von 20 Jahren mit dem OG Wine Club auf Anregung meiner Freunde in Atlanta – Vanessa, Tamie, Sarah, Susie und Gil; durch sie schrieb ich zum ersten Mal über Wein. Für euch, all meine Wein liebenden Freundinnen und Freunde, und die zig Verkostungspartys, die zwischen Ost- und Westküste noch immer fleißig weiterprobieren. Ich hoffe, dass ihr auch dieses Buch verschlingen werdet.

Ich danke meiner wunderbaren Lektorin und Freundin Cristina Garces und meiner Superagentin Sally Ekus, dass sie die Truppe wieder zusammengebracht haben. Ich kann in aller Ruhe schreiben, wenn ich Sally und Jamie Constantine bei der Ekus Group hinter mir weiß. Cristina Garces – CG –, es gibt keine kompetentere und lustigere Lektorin auf der ganzen Welt und du besitzt einen kritischen Blick, für die der berühmte Modeberater Tim Gunn töten würde.

Lizzie Vaughan, dir danke ich für deine inspirierte künstlerische und gestalterische Leitung und dass du die wahnsinnig begabte Illustratorin Liv Lee zu mir gebracht hast. Danke, dass ihr diese Seiten zum Leben erweckt habt. Durch euch macht *Cheers!* mehr Spaß. Und ich danke den anderen im Team bei Chronicle, die so ernsthaft und hart arbeiten: Tera Killip, Jessica Ling, Dena Rayess, Samantha Simon, Keely Thomas-Menter und Gabby Vanacore.

Und ich danke meinen Lieblingsmedienspezialisten und Freunden, die mir dazu verhalfen, dass ich mit meinen Gedanken zu Essen und Lifestyle auf Sendung gehen konnte: Meine Arbeit würde ohne euch nicht halb so viele Menschen erreichen und ich bin euch auf ewig dankbar. Rainy Farrell und Susan Durrwachter, seit ich vor einer Million Jahren zum allerersten Mal in der *Today*-Show erschien, seid ihr dabei. Danke, JoAnn La Marca, für den allerersten Beitrag über den Ur-Wine Club im TV und Tammy Filler für die Unterstützung der vielen Beiträge, die folgten! Ich danke auch Sarah Clagett, meiner unverbrüchlich loyalen Anlaufstelle in Lifestyle-Fragen, Jackie Olensky, die stets bereit ist für ein schönes Getränk, Adam Miller für die Erfindung des Titels »Lifestyle Expert« sowie Randi Fisch und Jamie Nguyen, die meine Ideen in jüngster Zeit auf dem Bildschirm haben lebendig werden lassen. Ihr alle seid Fernsehzauberer.

Danke meinem kreativen Zirkel und den Menschen, die mich immer inspirieren, an mich glauben und mich zu harter Arbeit antreiben: Shannon O'Neil, die mich täglich daran erinnert, die wichtigen Dinge nicht zu vergessen und an mich zu glauben. Amy Goodman, Jessica Downey, Belinda Morrison und Kate Underwood, die mich und meine Arbeit bedingungslos fördern. Dank an meine OG-Slack-Tide-Mannschaft Chris, Jac, Scrappy, Lee Lee und Claudia – ihr haltet mich in mehr Hinsichten bei Kräften, als ihr ahnt. An meine Teamkolleginnen und -kollegen bei Fusion und den Delavue Manor Book/Wine Club: Meine Welt wäre ohne euch nicht vollständig. Und natürlich Dank an Amy Lynn für die Freude und die Schönheit, die du versprühst.

Mom und Dad, ich hoffe, meine dauernden Buchwidmungen langweilen euch noch nicht, ich habe nämlich noch so einige in mir. Col, Dave, Christie, Daisy, Sean, Maeve, J. und Brenna, danke, liebe Familie, für eure Liebe zu Büchern. Und ich danke den Jersey Petroskys – ich könnte keine besseren Schwiegereltern haben. Euch allen danke ich.

Und meinen Kindern Chris und Elliot – ihr erstaunt mich immer wieder. Ich bin so gespannt darauf, was als Nächstes auf euch zukommt. Geht und erobert die Welt!

Cheers!
Maureen

Register

N

O

P

Q

R

S

T

U

V

W

X

Y

Z